KB074786

# 잘~ 통하는
# 여행 중국어

# 잘~ 통하는 여행 중국어

찍은날 ┃ 2011년 5월 2일 인쇄
펴낸날 ┃ 2011년 5월 9일 발행

지은이 ┃ 김 성 순
펴낸이 ┃ 조 명 숙
펴낸곳 ┃ 도서출판 맑은창
등록번호 ┃ 제16-2083호
등록일자 ┃ 2000년 1월 17일

주소 ┃ 서울 · 금천구 가산동 771 두산 112-502
전화 ┃ (02) 851-9511
팩스 ┃ (02) 852-9511
전자우편 ┃ hannae21@korea.com

ISBN 89-86607-50-6  03720

값 5,000원

• 잘못된 책은 바꾸어드립니다.

# 잘~ 통하는 여행 중국어

김 성 순 지음

도서
출판 맑은창

중국은 일본과 함께 우리 나라에 인접한 나라 중의 하나인데도 일반 사람들이 중국 여행을 자유롭게 할 수 있게 된 것은 얼마 되지 않았습니다.

중국 여행을 가이드 없이 혼자 또는 몇 명이 어울려 배낭여행을 떠나기도 합니다. 가이드가 동반하는 단체 관광이라도 따로 자유여행을 할 수 있는 기회가 있는데, 중국어 회화에 자신이 없으면 불안할 수밖에 없습니다. 물론 궁하면 통하듯이 급할 때는 몸짓이나 얼굴 표정으로 의사 표현을 할 수는 있겠지만, 여행에 필요한 기본적인 중국어 회화를 미리 익혀둔다면 훨씬 자유롭게 중국 여행을 즐길 수 있을 것이다.

이 책은 연령에 관계없이 누구나 출발할 때부터 여행을 마치고 돌아올 때까지 꼭 필요한 중국어 회화를 상황별, 장소별로 분류했습니다. 또한 여행중에 말이 막힐 때 쉽게 이용할 수 있도록 한글로 토를 달아 놓았습니다.

자, 이제부터 자신감을 가지고 《잘 통하는 여행 중국어》와 함께 중국 여행을 떠나 봅시다.

# 목 차

# 목 차

# 목 차

## chapter 9　　쇼핑하기　　　　　　177

# 기본 회화

# 기본 회화

❶ **안녕하세요!** (평상시, 일반적인 표현)

你好!

니 하오!

❷ **안녕하세요!** (존칭 표현)

您好!

닌 하오!

❸ **안녕하세요!** (아침 인사)

早安! / 早上好!

자오 안! / 자오 샹 하오!

❹ **안녕하세요! / 안녕히 주무세요!** (저녁 인사)

晚安! / 晚上好!

완 안! / 완 샹 하오!

❺ **여러분 안녕하세요!**

你们好! / 大家好!

니 먼 하오! / 따 지아 하오!

## unit 2  헤어질 때 인사

❶ 안녕히 가세요! / 안녕히 계세요!

再见！

짜이 지엔!

❷ 안녕히 주무세요!

晚安！

완 안!

❸ 또 만납시다.

再会！

짜이 훼이!

❹ 다음에 또 만나요!

改天再见！

까이 티엔 짜이 지엔!

❺ 즐거운 하루 되세요!

祝你愉快！

쭈 니 위 콰이!

❻ 즐거운 여행이 되기를 빕니다!

祝你一路平安！

쭈 니 이 루 핑 안!

**❼** 그럼, 내일 뵙겠습니다.

那么，明天见。

나 머, 밍 티엔 지엔.

**❽** 잠시 후에 뵙겠습니다.

一会儿见。

이 후얼 지엔.

**❾** 그럼, 이만 가보겠습니다.

那么，我该走了。

나 머, 워 까이 저우 러.

**❿** 오늘 저녁 즐거웠어요.

今晚过得很愉快。

진 완 구어 더 헌 위 콰이.

**⓫** 먼저 실례하겠습니다.

失陪了。

슬 페이 러.

**⓬** 당신께 작별 인사 하러 왔습니다.

我来向你告别。

워 라이 시앙 니 까오 비에.

**⓭** 배웅 나오지 마세요, 돌아가세요.

别送了，回去吧。

비에 쑹 러, 훼이 취 바.

## unit 3 안부 인사

❶ 안녕하셨습니까?
你好吗?
니 하오 마?

❷ 잘 지내셨어요?
过得怎麼样?
구어 더 전 머 양?

❸ 건강하세요?
你身体好吗?
니 션 티 하오 마?

❹ 일이 바쁘십니까?
你工作忙吗?
니 꽁 쭈어 망 마?

❺ 요즘(근래) 어떠세요?
最近(近来)怎么样?
쮀이 진 (진 라이) 전 머 양?

❻ 저도 잘 지냅니다.
我也很好。
워 예 헌 하오.

**❼** 네, 잘 지냅니다.

很好。

헌 하오.

**❽** 덕분에 잘 지내고 있어요.

多亏您的关照，我过得很好。

뚜어 퀘이 닌 더 꽌 짜오, 워 구어 더 헌 하오.

**❾** 건강합니다. 당신은요?

我身体很好。你呢?

워 션 티 헌 하오. 니 너?

**❿** 잘 됩니다. 당신은요?

很忙。你呢?

헌 망. 니 너?

**⓫** 좀 바쁩니다.

比较忙。

비 지아오 망.

**⓬** 별로 안 바쁩니다. 당신은요?

不太忙。你呢?

부 타이 망. 니 너?

**⓭** 여전합니다.

还是老样子。

하이 스 라오 양 즈.

## unit 4 처음 만났을 때 인사

❶ 안녕하세요! 처음 뵙겠습니다.
你好！初次见面。
니 하오! 추 츠 지엔 미엔.

❷ 처음 뵙겠습니다. 저는 손미정입니다.
初次见面，我叫孙米晶。
추 츠 지엔 미엔, 워 지아오 쑨 미 징.

❸ 만나 뵙게 되어 반갑습니다.
我见到您，很高兴。
워 지엔 따오 닌, 헌 까오 싱.

❹ 만나서 반갑습니다.
认识你，很高兴。
런 스 니, 헌 까오 싱.

❺ 만나 뵙게 되어 영광입니다!
幸会，幸会!
싱 훼이, 싱 훼이!

❻ 안녕하세요. 나도 만나서 반가워요.
你好。我也很高兴认识你。
니 하오. 워 예 헌 까오 싱 런 스 니.

**❼** 잘 부탁드립니다.

请多多关照。

칭 뚜어 뚜어 꽌 짜오.

**❽** 저도 부탁드립니다.

请教，请教。

칭 지아오, 칭 지아오.

**❾** 저야말로 잘 부탁드립니다.

哪里哪里，请你多关照我。

나 리 나 리, 칭 니 뚜어 꽌 짜오 워.

**❿** 피차 마찬가지입니다.

彼此，彼此。

비 츠, 비 츠.

**⓫** 별 말씀을 다하십니다.

不敢当，不敢当。

부 간 당, 부 간 당.

**⓬** 말씀 많이 들었습니다.

久仰，久仰。

지우 양, 지우 양.

## unit 5  소개

❶ 서로 인사하세요.
你们互相认识一下吧。
니 먼 후 시앙 런 스 이 시아 바.

❷ 안녕하세요. 저는 한국에서 온 조성호라고 합니다.
你好。我是从韩国来的, 我叫曹星昊。
니 하오. 워 스 총 한 구어 라이 더, 워 지아오 차오 씽 하오.

❸ 성함을 여쭤 봐도 될까요?
请问您贵姓?
칭 원 닌 꿰이 씽?

❹ 성함이 어떻게 되십니까?
您叫什么名字?
닌 지아오 션 머 밍 즈?

❺ 성이 어떻게 되나요? / 이름이 뭐예요?
你姓什么? / 您贵姓?
니 씽 션 머? / 닌 꿰이 씽?

❻ 저는 조성호라고 합니다.
我叫曹星昊。
워 지아오 차오 씽 하오.

❼ 저는 김가입니다.

我姓金。

워 씽 찐.

❽ 당신은 어느 나라 사람입니까?

你那国人？

니 나 구어 런?

❾ 저는 한국에서 왔습니다.

我是从韩国来的。

워 스 총 한 구어 라이 더.

❿ 저는 한국사람입니다.

我是韩国人。

워 스 한 구어 런.

⓫ 당신 직업은 무엇인가요?

你做什么工作？

니 쭈어 션 머 꽁 쭈어?

⓬ 저는 (대학생)입니다.

我是(大学生)。

워 스 (따 쉬에 성).

(회사원 / 교사 / 공무원 / 의사)

(公司职员 / 老师 / 公务员 / 医生)

(꽁 쓰 즐 위엔 / 라오 스 / 꽁 우 위엔 / 이 성)

❸ 저는 중국에 처음 왔습니다.

我是第一次中国来的。

워 스 띠 이 츠 쭝 구어 라이 더.

❹ 중국에는 무슨 일로 오셨습니까?

你在中国做什么？

니 짜이 쭝 구어 쭈어 션 머?

❺ 중국어 공부도 하고 여행도 하려고 왔습니다.

一边学习汉语，一边旅游。

이 삐엔 쉐시 한 위, 이 삐엔 뤼 여우.

❻ (관광) 왔습니다.

我是来（观光）的。

워 스 라이 （꽌 광）더.

(사업차 / 여행 / 출장)

（谈生意/旅游/出差）

（탄 성 이 / 뤼 여우 / 추 차이）

❼ 이것은 저의 명함입니다.

这是我的名片。

쩌 스 워 더 밍 피엔.

**❶** 대단히 감사합니다.

多谢，多谢。

뚜어 시에, 뚜어 시에.

**❷** 감사합니다. / 고맙습니다.

谢谢。

시에 시에.

**❸** 감사합니다. 좋은 하루 되세요.

谢谢。祝您愉快。

시에 시에. 쭌 닌 위 콰이.

**❹** 의사 선생님. 감사합니다.

谢谢您。大夫。

시에 시에 닌. 따이 푸.

**❺** 고맙습니다. 안녕히 계세요.

谢谢您。再见。

시에 시에 닌. 짜이 지엔.

**❻** 도와주셔서 감사합니다.

谢谢帮忙。

시에 시에 빵 망.

**❼** 여러 가지로 감사드립니다.

不胜感激。

부 성 간 찌.

**❽** 친절에 감사드립니다.

谢谢您的关照。

시에 시에 닌 더 꽌 짜오.

**❾** 당신의 도움에 감사드립니다.

谢谢您的帮助。

시에 시에 닌 더 빵 쭈.

**❿** 별 말씀을.

不客气。

부 커 치.

**⓫** 저야말로 감사합니다.

应该我谢谢你。

잉 까이 워 시에 시에 니.

**⓬** 수고하셨습니다.

您辛苦了。

닌 씬 쿠 러.

**사과와 그에 대한 응답**

❶ 죄송합니다. / 미안합니다.
对不起。
뚜에이 부 치.

❷ 용서해 주세요.
请您原谅。
칭 닌 위엔 리앙.

❸ 늦어서 미안합니다.
对不起, 来晚了。
뚜에이 부 치, 라이 완 러.

❹ 오래 기다리게 해서 미안합니다.
对不起, 让你久等了。
뚜에이 부 치, 랑 니 지우 떵 러.

❺ 정말 미안합니다, 늦었습니다.
真抱歉, 我来晚了。
쩐 빠오 치엔, 워 라이 완 러.

❻ 제가 잘못했습니다.
是我不对。
스 워 부 뚜에이.

**❼** 부디 양해하여 주십시오.
请原谅。
칭 위엔 리앙.

**❽** 폐를 끼쳤습니다.
给您添麻烦了。
게이 닌 티엔 마 판 러.

**❾** 실례했습니다.
麻烦你了。
마 판 니 러.

**❿** 괜찮아요.
没关系。/没什么。
메이 꽌 시. / 메이 션 머.

**⓫** 천만에요.
不用谢。
뿌 용 시에.

**⓬** 개의치 마세요.
您别介意。
닌 비에 지에 이.

❶ 예. / 아니오.
  是。/ 不是。
  스. / 부스.

❷ 좋습니다. / 아주 좋습니다.
  好。/ 很好。
  하오. / 헌 하오.

❸ 잘 모르겠습니다.
  我也不知道。
  워 예 뿌 쯔 다오.

❹ 모르겠습니다.
  我不明白。
  워 뿌 밍 빠이.

❺ 알았습니다.
  知道了。
  쯔 다오 러.

❻ 맞습니다.
  正好。
  쩡 하오.

**❼** 그렇습니다.

是的。

스 더.

**❽** 당연합니다.

当然了。

땅 란 러.

**❾** 정말 뭐라고 말해야 좋을지 모르겠습니다.

真不知道说什么好?

쩐 뿌 쯔 다오 슈어 션 머 하오?

**❿** 전 반대합니다.

我反对。

워 판 뚜에이.

**⓫** 안 됩니다.

那不行。

나 뿌 씽.

**⓬** 그건 안 됩니다.

那可不行。

나 커 뿌 씽.

❶ 실례합니다.

请问。

칭 원.

❷ 실례하지만 말씀 좀 물어 볼게요.

劳驾，问您一下。

라오 지아, 원 닌 이 시아.

❸ 부탁 좀 할까 하는데요.

我想请您帮个忙。

워 시앙 칭 닌 빵 거 망.

❹ 부탁합니다.

拜托。

빠이 투어.

❺ 그냥 구경만 해도 되나요?

只是看一看可以吗？

즈 스 칸 이 칸 커 이 마?

❻ 배달도 되나요?

能送货吗？

넝 쏭 후어 마?

**❼** 도와 주세요.

请帮个忙。

칭 빵 거 망.

**❽** 잠시 기다려 주세요.

请稍等一会儿。

칭 샤오 떵 이 후얼.

**❾** 여기서 사진 찍어도 되나요?

这儿可以照相吗？

쩔 커 이 짜오 샹 마?

**❿** 여기서 담배 피워도 되나요?

在这儿可以抽烟吗？

짜이 쩔 커 이 처우 이엔 마?

**⓫** 저기요, 좀 여쭤볼게요, 이 부근에 화장실 있나요?

同志，我问一下，附近有厕所吗？

퉁 즈, 워 원 이 시아, 푸 진 여우 처 수어 마?

**⓬** 좀 서둘러 주세요.

请快点儿。

칭 콰이 디알.

**⓭** 길 안내 좀 부탁드릴까요?

请给我带路，好吗？

칭 게이 워 따이 루, 하오 마?

❶ 다시 한번 더 말씀해 주십시오.
请您再说一遍吧。
칭 닌 짜이 슈어 이 비엔 바.

❷ 조금 천천히 말씀해 주십시오.
请您说慢一点儿。
칭 닌 슈어 만 이 디알.

❸ 좀 크게 말씀해 주시겠어요?
请大点声说话，好吗？
칭 따 디엔 셩 슈어 후아, 하오 마?

❹ 그게 무슨 뜻입니까?
那是什么意思？
나 스 션 머 이 스?

❺ 방금 뭐라고 하셨어요?
刚才你说什么？
깡 차이 니 슈어 션 머?

❻ 못 알아듣겠습니다.
我听不懂。
워 팅 뿌 동.

❼ 좀 써주실 수 있습니까?
请您写一下，好吗？
칭 닌 시에 이 시아, 하오 마?

❽ 여기에 좀 써주세요.
请写在这里。
칭 시에 짜이 쩌 리.

❾ 한국어 하는 사람이 없습니까?
有没有讲韩国语的人？
여우 메이 여우 지앙 한 구어 위 더 런?

❿ 알겠습니까?
懂了吗？
동 러 마?

⓫ 정말이세요?
真的吗？
쩐 더 마?

⓬ 죄송합니다. 못 들었습니다.
对不起。听不请楚了。
뚜에이 부 치. 팅 뿌 칭 추 러.

❶ 잘 먹겠습니다. (식사 전)
我吃了。
워 츠 러.

❷ 잘 먹었습니다. (식사 후)
吃好了。
츠 하오 러.

❸ 맛 있어요?
好吃吗?
하오 츠 마?

❹ 맛 있습니까?
好不好吃?
하오 부 하오 츠?

❺ 맛 있습니다. / 맛 없습니다.
好吃。/ 不好吃。
하오 츠. / 뿌 하오 츠.

❻ 더 드세요.
多吃点儿吧。
뚜어 츠 디알 바.

❼ 많이 드세요.

请多吃呵。

칭 뚸어 츠 아.

❽ 많이 먹었습니다.

吃饱了。

츠 바오 러.

❾ 맛 좀 보세요.

尝一尝。

창 이 창.

❿ 배 고파요!

饿了!

으어 러!

⓫ 아주 제 입에 딱 맞습니다.

很可口。

헌 커 커우.

⓬ 맛있게 드셨습니까?

你吃好了吗?

니 츠 하오 러 마?

⓭ 맛있습니다. 배가 부르네요.

好吃了。我吃饱了。

하오 츠러. 워 츠 바오 러.

## unit 12  축하 인사

**❶ 축하합니다!**
祝贺你!
쭈 허 니!

**❷ 당신의 생일을 축하합니다!**
祝你生日好!
쭈 니 셩 르 하오!

**❸ 생일 축하해!**
生日快乐!
셩 르 콰이 러!

**❹ 성공을 빌겠습니다.**
祝你成功。
쭈 니 청 공.

**❺ 건강하시길 빌겠습니다.**
祝你身体健康。
쭈 니 션 티 지엔 캉.

**❻ 새해 복 많이 받으세요.**
新年快乐!
신 니엔 콰이 러!

# chapter 02

## 공항에서

# 공항에서

## unit 1   비행기표 예약

**❶** 내일 북경 가는 좌석을 예약하고 싶습니다.
想预定明天去北京的座票。
시앙 위 띵 밍 티엔 취 베이 징 더 쭈어 피아오.

**❷** 난항 항공편을 예약하려고 합니다.
预定南航公司的航班。
위 띵 난 항 꽁 쓰 더 항 반.

**❸** 언제 출발하십니까?
什么时间起程?
선 머 스 지엔 치 청?

**❹** 언제 떠나실 예정인지 확인할 수 있나요?
能确定起程时间?
넝 취에 띵 치 청 스 지엔 마?

**❺** 오전 11시 비행기로 하겠습니다.
要上午十一点的航班。
야오 샹 우 스 이 디엔 더 항 반.

**❻** 화요일 오전에 떠나는 비행기가 있습니까?

有星期二上午的航班？

여우 씽 치 얼 샹 우 더 항 반 마?

**❼** 네, 747편은 오전 11시에 떠납니다.

是，747航班上午11点起程。

스, 치 쓰 치 항 반 샹 우 스 이 디엔 치 청.

**❽** 다른 비행기는 없습니까?

没有别的飞机吗？

메이 여우 비에 더 페이 지 마?

**❾** 이것으로 하겠습니다.

我要这个。

워 야오 쩌 거.

**❿** 어떤 표를 원하십니까?

일반석, 이등석, 아니면 일등석 중 어느 것을 원하십니까?

想要哪种票？

普通舱，二等舱，或是一等舱里选择？

시앙 야오 나 쭝 피아오?

푸 통 창, 얼 떵 창, 훠 스 이 떵 창 리 쉔저?

**⓫** 이코노미로 하시겠습니까? 비즈니스로 하시겠습니까?

要头等舱吗？ 或者特等舱？

야오 터우 떵 창 마? 훠 저 터 떵 창?

⑫ 일반석으로 주십시오.

请给普通舱吧。

칭 게이 푸 통 창 바.

⑬ 돌아오는 비행기 편도 예약하시겠습니까?

还要预定回程的机票吗?

하이 야오 위 띵 훼이 청 더 지 피아오 마?

⑭ 아니오. 그것은 오픈으로 해주십시오.

不。那个请给定重新起航的班机。

뿌. 나 거 칭 게이 띵 쭝 신 치 항 더 반 지.

⑮ 편도입니까, 왕복입니까?

是单程的还是往返的?

스 딴 청 더 하이 스 왕 판 더?

⑯ 왕복표로 하겠습니다.

要往返的票。

야오 왕 판 더 피아오.

⑰ 편도로 하겠습니다.

要单程的票。

야오 딴 청 더 피아오.

## unit 2  예약 재확인

**❶ 무엇을 도와드릴까요?**

请问需要什么帮助?

칭 원 쉬 야오 션 머 빵 쭈?

**❷ 예약을 재확인하고 싶습니다.**

想确认预约。

시앙 취에 런 위 위에.

**❸ 누구 이름으로 예약하셨습니까?**

您用谁的名字预约的呢?

닌 용 쉐이 더 밍 즈 위 위에 더 너?

**❹ 어느 비행기편을 예약하셨습니까?**

预约的哪个航班呢?

위 위에 더 나 거 항 반 너?

**❺ 성함과 편명을 말씀하십시오.**

请说姓名和航班名。

칭 슈어 씽 밍 허 항 반 밍.

**❻ 내 이름은 손미정이고, 비행기편은 747편입니다.**

我的名字是孙米晶，班机是747航班。

워 더 밍 즈 스 쑨 미 징.   반 지 스 쓰 치 쓰 치 항 반.

❼ 예약이 확인됐습니다.
预约确认已经完成。
위 위에 취에 런 이 징 완 청.

❽ 예약 재확인을 하고 싶습니다.
내 이름은 손미정입니다. 손은 성입니다.
저는 6월 7일 화요일 난항행 747편을 예약했습니다.
想确认预约。
我的名字是孙米晶。孙是姓。
我预约的6月7日星期二南航的747班机。
시앙 취에 런 위 위에.
워더 밍즈스 쑨미징.  쑨스씽.
워 위 위에 더 리우 웨 치 르 씽 치 얼 난항더 치 쓰치 반지.

❾ 예, 손님의 비행편은 확인되었습니다.
출발 2시간 전에 체크 인 해주시기 바랍니다.
是，班机确认已完。
希望在起飞二小时前来登记。
스, 반 지 취에 런 이 완.
시 왕 짜이 치 페이 얼 시아오 스 치엔 라이 떵 찌.

## unit 3  예약 변경 · 취소

**❶** 예약을 취소하고 싶습니다.

想取消预约。

시앙 취 시아오 위 위에.

**❷** 예약을 변경하고 싶습니다.

想改变预约。

시앙 까이 비엔 위 위에.

**❸** 예약을 취소하려고 전화드렸습니다.

打过取消预约的电话。

따 구어 취 시아오 위 위에 더 띠엔 후아.

**❹** 6월 7일 나의 예약을 취소해 주십시오.

请取消6月7日我的预约。

칭 취 시아오 리우 위에 치 르 워 더 위 위에.

**❺** 6월 8일로 날짜를 바꾸고 싶습니다.

想换成6月8日的。

시앙 환 청 리우 위에 빠 르 더.

**❻** 어느 비행기편을 예약하셨습니까?

预约的哪个航班呢?

위 위에 더 나 거 항 반 너?

**❼ 성함과 비행기편 번호를 알려 주시겠어요?**

请告诉我姓名和班机号?

칭 까오 쑤 워 씽 밍 허 반 지 하오.

**❽ 어느 날짜 항공편으로 바꾸시겠습니까?**

您要改成哪一天的航班?

닌 야오 까이 청 나 이 티엔 더 항 반?

**❾ 내일 가능한 다른 비행기가 있습니까?**

明天可能有其他航班吗?

밍 티엔 커 넝 여우 치 타 항 반 마?

**❿ 6월 8일에 표가 있습니까?**

6月8号有位子吗?

리우 위에 빠 하오 여우 웨이 즈 마?

**⓫ 비행기를 놓쳤습니다.**

我错过了登机时间。

워 추어 구어 러 떵 지 스 지엔.

**⓬ 가능하면 빨리 출발하고 싶습니다.**

可能的话,我想尽快出发。

커 넝 더 후아, 워 시앙 진 콰이 추 파.

## unit 4  탑승 수속

**❶ 탑승 수속은 언제 합니까?**

什么时间办理登机手续?

션 머 스 지엔 빤 리 떵 지 셔우 쉬?

**❷ 대한항공의 출국 터미널은 어디에 있나요?**

大韩航空国际候机厅在哪里?

따 한 항 콩 구어 찌 허우 지 팅 짜이 나 리?

**❸ 어느 청사에 대한 항공이 입주해 있습니까?**

大韩航空公司在哪个大厅?

따 한 항 콩 꽁 쓰 짜이 나 거 따 팅?

**❹ 대한 항공으로 출국하려면 어느 청사로 가야 합니까?**

要从大韩航空公司出境去哪个大厅?

야오 총 따 한 항 콩 꽁 쓰 추징 취 나 거 따 팅?

**❺ 여기서 체크 인 할 수 있습니까?**

可以在这里登记吗?

커 이 짜이 쪄 리 떵 찌 마?

**❻ 여기가 남아시아 체크 인 하는 곳입니까?**

这里是去东亚的审请处吗?

쪄 리 스 취 똥 야 더 션 칭 추 마?

**❼ 당신은 탑승구를 잘못 찾아 오셨어요.**

乘客您找错登机口了。

청 커 닌 짜오 추어 떵 지 커우 러.

**❽ 당신의 비행기는 7번 탑승구에서 출발합니다.**

您乘坐的飞机在七号登机口。

닌 청 쭈어 더 페이 지 짜이 치 하오 떵 지 커우.

**❾ 공항세가 있습니까?**

有机场税吗?

여우 지 창 쉐이 마?

**❿ 공항 이용권 2장 주십시오.**

请给我两张机场建设费。

칭 게이 워 리앙 장 지 창 지엔 셔 페이.

**⓫ 창문가 자리를 드릴까요, 통로 쪽을 드릴까요?**

给您靠窗的座位, 还是通道边的座位?

게이 닌 카오 촹 더 쭈어 웨이, 하이 스 통 다오 삐엔 더 쭈어 웨이?

**⓬ 창가 쪽 좌석으로 주십시오.**

请给靠窗的座位。

칭 게이 카오 촹 더 쭈어 웨이.

**⓭ 통로 쪽으로 부탁합니다.**

请给我过道旁的位置。

칭 게이 워 구어 다오 팡 더 웨이 즈.

⓮ 부치실 짐이 있으세요?

有托运的行李吗?

여우 투어 윈 더 씽 리 마?

⓯ 기내로 가지고 들어갈 짐은 몇 개입니까?

随身带的行李有几件?

쉐이 션 따이 더 씽 리 여우 지 지엔?

⓰ 2개입니다.

有两个行李。

여우 리앙 거 씽 리.

⓱ 금속탐지기를 통과해 주십시오.

请您通过安检通道。

칭 닌 통 구어 안 지엔 통 다오.

⓲ 무게가 초과입니다.

超重了。

차오 쭝 러.

⓳ 이 상자에 '파손 주의'라는 표를 붙여 주시겠습니까?

能给这个皮箱贴上 '注意损坏' 的标签吗?

넝 게이 쪄 거 피 샹 티에 샹 '쭈 이 쑨 화이' 더 비아오 치엔 마?

❶ 입국 심사는 어디서 합니까?

入境检查在哪里办理？

루 징 지엔 차 짜이 나 리 빤 리?

❷ 여권을 보여주시겠습니까?

能看下您的护照吗？

넝 칸 시아 닌 더 후 짜오 마?

❸ 중국에 얼마 동안 체류하십니까?

在中国停留多长时间？

짜이 쭝 구어 팅 리우 뚸어 창 스 지엔?

❹ 일주일 동안 머무를 것입니다.

停留一个星期。

팅 리우 이 거 씽 치.

❺ 10일 동안 있을 거예요.

能住十天。

넝 쭈 스 티엔.

❻ 방문 목적이 무엇입니까?

访问的目的是什么？

팡 원 더 무 더 스 션 머?

**❼** 관광(사업) 입니다.

是观光（公事）。

스 꽌 광 (꽁 스).

**❽** 친척들을 만나러 왔어요.

是探亲。

스 탄 친.

**❾** 북경에는 처음 오셨습니까?

初次来北京吗？

추 츠 라이 베이징 마?

**❿** 네, 처음입니다.

是第一次来。

스 띠 이 츠 라이.

**⓫** 어디에서 머무르실 겁니까?

在哪滞留？

짜이 나 즈 리우?

**⓬** 아직 결정하지 않았습니다.

还没有决定。

하이 메이 여우 쥐에 띵.

**⓭** 북경에 있는 국제호텔에 머무를 겁니다.

在中国北京国际大酒店。

짜이 쭝 구어 베이징 구어 찌 따 지우 띠엔.

❶ 세관이 어디입니까?

税检在哪里?

쉐이 지엔 짜이 나 리.

❷ 검사를 받을 물건은 모두 이것입니까?

这些都是要检查的行李吗?

쩌 시에 떠우 스 야오 지엔 차 더 씽 리 마?

❸ 신고할 물건이 있습니까?

有要申报的物品吗?

여우 야오 션 빠오 더 우 핀 마.

❹ 아니오, 없습니다.

没有。

메이 여우.

❺ 예, 있습니다.

是, 有的。

스, 여우 더.

❻ 안에 들어 있는 것들이 무엇입니까?

里面装的什么东西?

리 미엔 주앙 더 션 머 똥 시?

❼ 이 가방을 열어 봐 주십시오.

请打开这个包。

칭 따 카이 쩌 거 빠오.

❽ 이게 가지고 계신 것 전부입니까?

就这些东西吗？

쩌우 쩌 시에 똥 시 마?

❾ 가족들에게 줄 선물이에요.

给亲属的礼物。

게이 친 쑤 더 리 우.

❿ 이 카메라는 동생을 주기 위해 산 것입니다.

这是给弟弟买的摄像机。

쩌 스 게이 띠 디 마이 더 셔 샹지.

⓫ 얼마나 주고 샀습니까?

花多少钱买的？

화 뚜어 샤오 치엔 마이 더.

⓬ 면세점에서 300달러를 주고 샀습니다.

在免税店花三百美金买的。

짜이 미엔 쉐이 띠엔 화 싼 바이 메이 찐 마이 더.

⓭ 이런 물건도 신고해야 합니까?

这种物品也需要申报吗？

쩌 쫑 우 핀 예 쉬 야오 션 빠오 마?

❶ 좀 도와주시겠어요?

能帮帮忙吗?

넝 빵 방 망 마?

❷ 수화물을 찾는 곳은 어디 있습니까?

取托运的行李的地方在哪里?

취 투어 윈 더 씽 리 더 띠 팡 짜이 나 리?

❸ 수화물은 어디서 받습니까?

托运的行李在哪找?

투어 윈 더 씽 리 짜이 나 쟈오?

❹ 제 짐이 없어졌습니다.

我的行李没有了。

워 더 씽 리 메이 여우 러.

❺ 내 가방이 나오지 않았습니다.

我的皮箱还没有出来。

워 더 피 샹 하이 메이 여우 추 라이.

❻ 제 가방이 파손되었습니다.

我的皮箱已经损坏了。

워 더 피 샹 이 징 쑨 화이 러.

**❼ 747편 짐이 나왔습니까?**

747号行李出来了吗?

치 쓰 치 하오 씽 리 추 라이 러 마?

**❽ 제 수화물을 어디서 찾을 수 있죠?**

我的行李在哪能找到?

워 더 씽 리 짜이 나 넝 짜오 따오?

**❾ 제 짐 찾는 걸 좀 도와주시겠습니까?**

能帮我找到行李吗?

넝 빵 워 짜오 따오 씽 리 마?

**❿ 분실 수화물 카운터로 가 보세요.**

去行李托运处那里看看吧。

취 씽 리 투어 윈 추 나 리 칸 칸 바.

**⓫ 여기가 분실 수화물을 찾는 곳인가요?**

这里是查找托运行李的登记处吗?

쩌 리 스 차 짜오 투어 윈 씽 리 더 떵 찌 추 마?

**⓬ 여기 가면 내가 잃어버린 가방을 찾을 수 있다고 들었어요.**

听说到这里能找到我丢失的皮箱。

팅 슈어 따오 쩌 리 넝 짜오 따오 워 띠우 스 더 피 샹.

**⓭ 수화물 보관증 가지고 계시죠?**

有行李托运单吧?

여우 씽 리 투어 윈 딴 바?

❹ 여기 제 수화물 보관증이 있습니다.

我这里有行李托运单。

워 쩌 리 여우 씽 리 투어 윈 딴.

❺ 수하물표를 분실했습니다.

托运单已经丢失了。

투어 윈 딴 이 징 띠우 스 러.

❻ 수하물 분실 신고서를 작성하셔야 합니다

请填写一份丢失行李申报单

칭 티엔 시에 이 펀 띠우 스 씽 리 션 빠오 딴.

❼ 한국말을 아는 직원을 불러 주시겠습니까?

能帮我找一个懂韩国语的职员吗?

넝 빵 워 짜오 이 거 둥 한 구어 위 더 즐 위엔 마?

❽ 대한 항공의 직원과 연락을 하고 싶습니다.

想和大韩航空公司的职员取得联系。

시앙 허 따 한 항 콩 꽁 쓰 더 즐 위엔 취 더 리엔 시.

## unit 8 비행기 갈아타기

❶ 상하이행으로 바꿔 타려고 하는데요.

想换乘去上海的航班。

시앙 환 청 취 샹아이 더 항 반.

❷ 상하이행 연결 비행기를 타려고 합니다.

要专程开往上海的航班。

야오 주완 청 카이 왕 샹아이 더 항 반.

❸ 탑승구 3번이 어디 있어요?

三号登机口在哪里?

싼 하오 떵 지 커우 짜이 나 리?

❹ 북방항공사가 어디 있죠?

北方航空公司在哪里?

베이 팡 항 콩 꽁 쓰 짜이 나 리?

❺ TV 화면에서 비행기 시간표를 보면 탑승구 번호가 있습니다.

在电子显示屏的画面里看航班时刻表
就有登机口的编号。

짜이 띠엔 즈 시엔 스 핑 더 화 미엔 리 칸 항 반 스 커 뱌오 쪄
우 여우 떵 지 커우 더 비엔 하오.

❻ 공항 순환 버스를 타고 다섯 번째 역에서 내리세요.

坐机场循环巴士在第五站下车,
或者直行也能找到。

쭈어 지 창 쉰 환 빠 스 짜이 띠 우 짠 시아 처,
훠 저 즈 씽 예 넝 짜오 따오.

❼ 통과 여객이십니까?

是转乘旅客吗?

스 주완 청 뤼 커 마?

❽ 어느 비행기를 갈아타십니까?

要换成哪个航班?

야오 환 청 나 거 항 반?

❾ 갈아타는 곳이라고 표시된 저 표지판을 따라가세요.

请顺着转乘标志一直向前走。

칭 순 저 주완 청 비아오 즐 이 즐 샹 치엔 저우.

❿ 연결 비행기편에 대해 여러분들에게 알려드리기 위해
탑승구에 직원이 대기하고 있습니다.

为方便各位转乘航班,
我们的工作人员在登机口等候你们。

웨이 팡 피엔 꺼 웨이 주완 청 항 반,
워 먼 더 꽁 쭈어 런 위엔 짜이 떵 지 커우 떵 허우 니 먼.

## unit 9  통과객 대기실

❶ 통과객 대기실은 어디입니까?

转乘候机室在哪里?

주완 청 허우 지 스 짜이 나 리?

❷ 통과 카드를 분실했습니다.

请出示转乘卡。

칭 추 스 주완 청 카.

❸ 이 통과카드를 함께 가지고 계십시오.

请将转乘卡一起拿好。

칭 쟝 주완 청 카 이 치 나 하오.

❹ 귀측의 비행기가 연착되어 연결편을 놓쳤습니다.

因为贵方航班晚点。

使我错过了转乘时间。

인 웨이 꿰이 팡 항 반 완디엔. 스 워 추어 구어 러 주완 청 스 지엔.

❺ 베이징행 연결편을 놓쳤습니다. 어떻게 해야 되죠?

错过了北京方面的航班。应该怎么办?

추어 구어 러 베이징 팡 미엔 더 항 반. 잉 까이 전 머 빤?

❻ 저는 이 항공기의 경유 승객입니다.

我是要在此处转机的乘客。

워 스 야오 짜이 츠 추 주완 지 더 청 커.

**❼** 좀 기다리시겠습니까?

等一会儿好吗?

떵 이 후얼 하오 마?

**❽** 출발 시간은 몇 시입니까?

出发时间是几点?

추 파 스 지엔 스 지 디엔?

**❾** 다음 편으로 체크 인하고 싶습니다.

想确定下个航班。

시앙 취에 띵 시아 거 항 반.

**❿** 어느 정도 여기서 머물러야 합니까?

在这里要停留多长时间?

짜이 쩌 리 야오 팅 리우 뚜어 창 스 지엔?

**⓫** 어디에서 갈아탑니까?

在哪儿转机?

짜이 날 주완 지?

# 기내에서

# 기내에서

## unit 1　자리 찾기

❶ 내 자리가 어디 있습니까?
我的座位在哪儿?
워 더 쭈어 웨이 짜이 날?

❷ 좌석 좀 찾아주세요.
请帮找下座位。
칭 빵 짜오 시아 쭈어 웨이.

❸ 좌석 번호를 말씀해 주십시오.
请告诉我您的座位号。
칭 까오 쑤 워 닌 더 쭈어 웨이 하오.

❹ 당신 좌석으로 안내해 드리겠습니다.
带您去您的座位。
따이 닌 취 닌 더 쭈어 웨이.

❺ 손님 좌석을 찾아 드릴까요?
让我来帮您找座位好吗?
랑 워 라이 빵 닌 짜오 쭈어 웨이 하오 마.

❻탑승권을 주십시오.
请出示登机牌。
칭 추 스 떵 지 파이.

❼제 자리가 당신 옆자리인 것 같습니다.
我的座位好像在您的旁边。
워 더 쭈어 웨이 하오 샹 짜이 닌 더 팡 삐엔.

❽손님의 자리는 50B군요. 저기 창가 쪽 자리입니다.
您的座位是50B。靠窗那边。
닌 더 쭈어 웨이 스 우 스 비 카오 촹 나 삐엔.

❾실례지만, 제 자리에 앉아 계신 것 같습니다.
对不起，您好像在我的座位了。
뚜에이 부 치, 닌 하오 샹 짜이 워 더 쭈어 웨이 러.

❿제가 지나가도 될까요?
我可以过去吗？
워 커 이 구어 취 마?

⓫제 짐 좀 올려주시겠어요?
请把我的行李放上去，好吗？
칭 바 워 더 씽 리 팡 샹 취, 하오 마?

❶ 잠깐 실례합니다.

对不起，打扰一下。

뚜에이 부치, 따 라오 이 시아.

❷ 저와 좌석을 바꿀 수 있을까요?

能和我换下座位吗？

넝 허 워 환 시아 쭈어 웨이 마?

❸ 네, 바꾸지요.

可以的，没问题。

커 이 더, 메이 원티.

❹ 자리를 바꿔도 될까요?

换下座位可以吗？

환 시아 쭈어 웨이 커 이 마?

❺ 제 좌석을 바꿀 수 있을까요? 〈승무원에게〉

能给我调下座位吗？

넝 게이 워 탸오 시아 쭈어 웨이 마?

❻ 함께 앉을 수 있는 빈 좌석이 있나요?

有连着的空位置吗？

여우 리엔 저 더 콩 웨이 즈 마?

**좌석 편의 시설**

❶ 이 의자는 어떻게 뒤로 젖힙니까?
怎样能使靠背后倾呢？
전 양 넝 스 카오 베이 허우 칭 너?

❷ 의자를 젖혀도 될까요?
可以把椅子往后靠吗？
커 이 바 이 즈 왕 허우 카오 마?

❸ 네, 그러세요. / 물론이죠.
是的，可以。
스 더, 커 이.

❹ 안전 벨트를 매어 주십시오.
请系好安全带。
칭 찌 하오 안 취엔 따이.

❺ 어떻게 이 벨트를 잠급니까?
怎样上扣安全带呢？
전 양 커우 샹 안 취엔 따이 너?

❻ 안전 벨트 매는 법을 가르쳐 주시겠습니까?
能教下系安全带的常识吗？
넝 쟈오 시아 찌 안 취엔 따이 더 창 슬 마?

❼ 어떻게 전등을 켭니까?

怎样开灯?

전 양 카이 떵?

❽ 전등을 어떻게 끄면 됩니까?

怎样关灯?

전 양 꽌 떵?

❾ 좌석을 제 위치로 하고 안전 벨트를 매 주십시오.

请系好安全带回到座位上。

칭 찌 하오 안 취엔 따이 훼이 따오 쭈어 웨이 샹.

❿ 의자 좀 앞으로 당겨 주실래요?

能往前拉下靠背吗?

넝 왕 치엔 라 시아 카오 베이 마?

⓫ 선반 좀 올려주십시오.

请把餐台拉上去好吗?

칭 빠 찬 타이 라 샹 취 하오 마?

**기내식 – 식사**

❶ 식사는 몇 시에 제공합니까?
用餐时间是几点？
용 찬 스 지엔 스 지 디엔?

❷ 식사 준비가 되면 깨워 주세요.
到用餐时间叫醒我。
따오 용 찬 스 지엔 지아오 싱 워.

❸ 물수건 좀 갖다 주시겠습니까?
请给拿个湿巾好吗？
칭 게이 나 거 슬 진 하오 마?

❹ 쇠고기 요리와 생선 요리 중 어느 것을 드시겠습니까?
有牛肉和海鲜类两种菜需要哪种呢？
여우 녀우 러우 허 하이 시엔 레이 리앙 쭝 차이 쉬 야오 나 쭝 너?

❺ 생선과 고기 중 어느 것을 드시겠습니까?
海鲜和肉需要哪个呢？
하이 시엔 허 러우 쉬 야오 나 거 너?

❻ 쇠고기 요리로 주십시오.
请给我牛肉。
칭 게이 워 녀우 러우.

**❼** 차와 커피 중 어느 것을 드시겠습니까?

茶和咖啡需要哪种?

차 허 카 페이 쉬 야오 나 쭝?

**❽** 커피로 주십시오.

请给咖啡。

칭 게이 카 페이.

**❾** 지금은 식사를 하고 싶지 않습니다.

现在不想用餐。

시엔 짜이 뿌 시앙 용 찬.

**❿** 식사 다 하셨습니까?

已经吃完了吗?

이 징 츠 완 러 마?

**⓫** 식사 맛있게 드셨기를 바랍니다.

希望您吃好。

시 왕 닌 츠 하오.

**⓬** 저는 채식 식사 메뉴를 주문했습니다.

我已经点了蔬菜类菜肴。

워 이 징 디엔 러 수 차이 레이 차이 야오.

기내식 – 음료

❶ 음료수는 무엇이 있습니까?

都有什么饮料?

떠우 여우 션 머 인 랴오?

❷ 커피를 마실 수 있습니까?

能喝咖啡吗?

넝 허 카 페이 마?

❸ 저, 마실 것 좀 주시겠습니까?

能给我一杯喝的吗?

넝 게이 워 이 베이 허 더 마?

❹ 물 한 잔 주세요.

请给一杯水。

칭 게이 이 베이 쉐이.

❺ 콜라 한 잔 더 주시겠습니까?

能再给一杯可乐吗?

넝 짜이 게이 이 베이 커 러 마?

❻ 찬 것으로 좀 바꿔 주시겠어요?

能给换一杯凉的吗?

넝 게이 환 이 베이 리앙 더 마?

❶ 읽을 것 좀 주십시오.
请给我可阅读的。
칭 게이 워 커 웨 두 더.

❷ 신문 좀 갖다 주겠습니까?
请给我一份报纸好吗?
칭 게이 워 이 펀 빠오 즈 하오 마?

❸ 잡지나 기타 읽을 것 좀 주시겠습니까?
请给我杂志和其他可以阅读的好吗?
칭 게이 워 자 즐 허 치 타 커 이 웨 두 더 하오 마?

❹ 한국어 신문 있습니까?
有韩国语报纸吗?
여우 한 구어 위 빠오 즈 마?

❺ 우편 엽서와 펜 좀 주시겠습니까?
能给一个信封吗?
넝 게이 이 거 신 펑 마?

❻ 다른 잡지는 없습니까?
没有别的杂志吗?
메이 여우 비에 더 자 즐 마?

화장실 이용하기

❶ 화장실에 가도 됩니까?

去洗手间可以吗?

취 시 셔우 지엔 커 이 마?

❷ 화장실이 어디에 있습니까?

洗手间在哪里?

시 셔우 지엔 짜이 나 리?

❸ 화장실이 비면 알려 주시겠습니까?

洗手间无人时请告诉我好吗?

시 셔우 지엔 우 런 스 칭 까오 쑤 워 하오 마?

❹ 저 사인은 무엇을 뜻합니까?

那是什么意思?

나 스 션 머 이 스?

❺ 화장실과 통로에서는 항상 금연입니다.

在卫生间和通是刻禁烟的。

짜이 웨이 성 지엔 허 통 따오 스 커 진 옌 더.

**기내 면세품 사기**

❶ 신사 숙녀 여러분, 기내 면세품을 파는 시간입니다.

各位乘客，现在是卖机内免税品的时间。

꺼 웨이 청 커 시엔 짜이 스 마이 지 네이 미엔 쉐이 핀 더 스 지엔.

❷ 기내 면세품 팝니까?

机内卖免税品吗？

지 네이 마이 미엔 쉐이 핀 마?

❸ 기내 면세점 이용하시겠습니까?

想利用机内免税店吗？

시앙 리 용 지 네이 미엔 쉐이 띠엔 마?

❹ 오늘의 한국돈 환율은 얼마입니까?

今天韩币兑换的比率是多少？

진 티엔 한 삐 뚜에이 환 더 비 뤼스 뚜어 샤오?

❺ 인민폐에 대한 한국돈 환율은 75원 대 만원입니다.

人民币对韩币是75元比一万。

런 민 삐 뚜에이 한 삐 스 치 스 우 위엔 비 이 완.

❻ 이 상품을 볼 수 있을까요?

这个商品可以看看吗？

쪄 거 상 핀 커 이 칸 칸 마?

**❼** 향이 약한 향수를 사려고 합니다.

想买味淡一点的香水。

시앙 마이 웨이 딴 이 디엔 더 샹 쉐이.

**❽** 향수 좀 보여주세요.

请给我看香水。

칭 게이 워 칸 샹 쉐이.

**❾** 어떤 종류의 모양이 있습니까?

有几种样品？

여우 지 쫑 양 핀?

**❿** 이것으로 하겠습니다.

就要这个了。

쩌우 야오 쩌 거 러.

**⓫** 한국돈으로 내도 되겠습니까?

用韩币可以吗？

용 한 삐 커 이 마?

**⓬** 비자 카드도 받습니까?

VISA卡也收吗？

위 이 사 카 예 셔우 마?

**⓭** 전부 카드로 계산해 주세요.

请全部用卡结帐？

칭 취엔 부 용 카 지에 짱.

**몸이 불편할 때**

**❶ 어디 불편하신 데가 있습니까?**

哪里感觉不好?

나 리 간 쥐에 뿌 하오?

**❷ 토할 것 같습니다.**

好像要吐。

하오 샹 야오 투.

**❸ 멀미 봉지는 어디 있습니까?**

晕机方便袋在哪里?

윈 지 팡 피엔 따이 짜이 나 리?

**❹ 멀미약 좀 주시겠습니까?**

请给点晕机药吗?

칭 게이 디엔 윈 지 야오 마?

**❺ 소화제 좀 주세요.**

能给我点消化药。

넝 게이 워 디엔 시아오 후아 야오.

**❻ 몸이 좋지 않습니다.**

身体有点不适。

션 티 여우 디엔 부 슬.

**❼** 두통약 좀 주시겠습니까?

请给治疗头痛的药好吗？

칭 게이 즐 랴오 터우 통 더 야오 하오 마?

**❽** 담요를 가져다 주시겠습니까?

能给我拿条薄毯吗？

넝 게이 워 나 티아오 보 탄 마?

**❾** 담요 하나만 더 있었으면 합니다.

还需要一条薄毯。

하이 쉬 야오 이 티아오 보 탄.

**❿** 베개와 담요를 주시겠습니까?

请给拿毛毯和枕头？

칭 게이 나 마오 탄 허 전 터우?

**⓫** 따뜻한(찬) 물수건을 가져다 주시겠습니까?

请给我一条热(凉)毛巾好吗？

칭 게이 워 이 티아오 러 (리앙)마오 진 하오 마?

**⓬** 이제 좀 어떻습니까?

现在感觉怎么样？

시엔 짜이 간 쮀에 전 머 양?

**⓭** 이제 좀 나아졌습니다.

现在感觉好点了。

시엔 짜이 간 쮀에 하오 디엔 러.

**말을 못 알아들었을 때**

❶기내 방송을 잘 알아들을 수가 없습니다.

机内广播我听不太懂。

지 네이 광 뽀 워 팅 부 타이 둥.

❷그게 무슨 뜻입니까?

那是什么意思？

나 스 션 머 이 스?

❸못 알아듣겠습니다.

我听不懂。

워 팅 뿌 둥.

❹당신이 무슨 말을 하는지 이해가 잘 안 됩니다.

您说的话我不太理解。

닌 슈어 더 후아 워 부 타이 리 지에.

❺한국말을 할 줄 아세요?

会说韩国话吗？

훼이 슈어 한 구어 후아 마?

❻여기 한국말을 할 줄 아는 사람이 없습니까?

这里没有会说韩国话的吗？

쩌 리 메이 여우 훼이 슈어 한 구어 후아 더 마?

**도착 시간을 알고 싶을 때**

❶ 중국에는 몇 시에 도착합니까?
请问几点到达中国?
칭 원 지 디엔 따오 다 쭝 구어?

❷ 도착 예정 시간을 가르쳐 주시겠습니까?
请告诉我预计什么时间到达?
칭 까오 쑤 워 위 찌 션 머 스 지엔 따오 다?

❸ 북경에는 몇 시에 도착합니까?
几点到达北京?
지 디엔 따오 다 베이징?

❹ 현지 시각으로 지금 몇 시입니까?
按现在时差现在是几点?
안 시엔 짜이 스 차이 시엔 짜이 스 지 디엔?

❺ 도착할 때까지 얼마나 걸립니까?
还要多长时间到达终点?
하이 야오 뚜어 창 스 지엔 따오 다 중 디엔?

❻ 약 3시간 정도 걸립니다.
可能要三小时。
커 넝 야오 싼 시아오 스.

❼ 얼마나 지연됩니까?

　晚点多少?

　완 디엔 뚜어 샤오?

❽ 약 1시간 정도입니다.

　大约一个小时。

　따 위에 이 거 시아오 스.

❾ 이 비행기는 정시에 도착합니까?

　这个班机能按预计时间到达吗?

　쩌 거 반 지 넝 안 위쩌 스 지엔 따오 다 마?

❿ 예정 시간보다 1시간 늦고 있습니다.

　比预计时间晚一个小时。

　비 위쩌 슬 지엔 완 이 거 시아오 스.

# 호텔에서

# 호텔에서

❶ 7월 2일 날짜로 예약을 하고 싶습니다.

想预约7月2日的日期。

시앙 위 위에 치 위에 얼 르더 르치.

❷ 이번 주말에 객실 하나를 예약하고 싶습니다.

想预约一个房间，这个周末使用。

시앙 위 위에 이 거 팡 지엔, 쩌 거 져우 모 스 용.

❸ 1인용 침대 둘 있는 방으로 예약을 하고 싶습니다.

想预约有两个单人床的房间。

시앙 위 위에 여우 리앙 거 딴 런 촹 더 팡 지엔.

❹ 방 하나를 예약해 주시겠습니까?

请给预定一个房间好吗？

칭 게이 위 띵 이 거 팡 지엔 하오 마?

❺ 몇 일 날을 원하세요?

需要哪天的呢？

쉬 야오 나 티엔 더 너?

❻ 5월 1일 두 사람이 묵을 겁니다.

五月一号有两位客人住宿。

우 위에 이 하오 여우 리앙 웨이 커 런 쭈 쑤.

❼ 오늘 밤 8시 정도에 호텔에 도착할 겁니다.

今晚八点左右到达宾馆。

진 완 빠 디엔 쭈어 여우 따오 다 삔 관.

❽ 오늘 밤의 방 예약을 하고 싶습니다.

想预定今天晚上的房间。

시앙 위띵 진 티엔 완 샹 더 팡 지엔.

❾ 어떤 종류의 방을 원하십니까?

想要哪种房间?

시앙 야오 나 쭝 팡 지엔?

❿ 안전하고 깨끗한 곳에 머물고 싶습니다.

想住既安全又干净的房间。

시앙 쭈 찌 안 취엔 여우 깐 징 더 팡 지엔.

⓫ 2인용으로 3일을 예약하고 싶습니다.

我想预订三天，双人用房间。

워 시앙 위띵 싼 티엔, 슈앙 런 용 팡 지엔.

⓬ 내 이름은 손미정입니다. 손은 성입니다.

我的名字是孙米晶。孙是姓。

워 더 밍 즈 스 쑨 미 징. 쑨 스 씽.

**직접 방을 구할 때**

❶ 빈 방이 있습니까?
有空房间吗?
여우 콩 팡 지엔 마?

❷ 예약을 하지 않았습니다.
没有预约。
메이 여우 위 위에.

❸ 1(2)인용 방이었으면 좋겠습니다.
最好给单(双)人房间。
쮀이 하오 게이 딴(슈앙)런 팡 지엔.

❹ 1인용 방은 얼마입니까?
请问单人间多少钱?
칭 원 딴 런 지엔 뚜어 샤오 치엔?

❺ 욕실이 딸린 2인용 방을 원합니다.
最好带浴室的双人房间。
쮀이 하오 따이 위스 더 슈앙 런 팡 지엔.

❻ 욕실이 딸린 2인용 방은 얼마입니까?
带洗浴的双人间多少钱?
따이 시 위 더 슈앙 런 지엔 뚜어 샤오 치엔?

**❼** 며칠 묵으실 겁니까?

您要住几天？

닌 야오 쭈 지 티엔?

**❽** 일주일 묵으려고 합니다.

想住一个星期。

시앙 쭈 이 거 씽 치.

**❾** 하룻밤을 묵으려고 합니다.

就住一个晚上。

쪄우 쭈 이 거 완 샹.

**❿** 세금은 포함되어 있습니까?

税也包含在里面吗？

쉐이 예 빠오 한 짜이 리 미엔 마?

**⓫** 세금을 제외하고 800위엔입니다.

不含税是人民币八百元整。

부 한 쉐이 스 런 민 삐 빠 바이 위엔 정.

**⓬** 좀더 싼 것은 없습니까?

没有更便宜点的吗？

메이 여우 껑 피엔 이 디엔 더 마?

**⓭** 아침 식사는 포함됩니까?

包含早餐吗？

빠오 한 자오 찬 마?

**방 예약 변경**

❶ 예약을 취소하고 싶습니다.

想取消预约。

시앙 취 시아오 위 위에.

❷ 예약을 변경하고 싶습니다.

想改变预约。

시앙 까이 비엔 위 위에.

❸ 여보세요. 조미정입니다. 12월 7일 예약을 바꾸려 합니다.

您好，我是赵米晶，

我想变更12月7号的预约。

닌 하오. 워 스 짜오 미 징.

워 시앙 비엔 껑 스 얼 위에 치 하오 더 위 위에.

❹ 12월 8일로 날짜를 바꾸고 싶습니다.

想改成12月8号的日期。

시앙 까이 청 스 얼 위에 빠 하오 더 르 치.

❺ 좋습니다. 그렇게 바꾸겠습니다.

好。就想那么换。

하오. 쪄우 시앙 나 머 환.

## unit 4  체크 인

❶ 예약하시고 오셨습니까?

您是预约以后来的吗?

닌 스 위 위에 이 허우 라이 더 마?

❷ 전화로 예약을 했습니다.

打过预约电话。

따 구어 위 위에 띠엔 후아.

❸ 체크 인 해주십시오. 제 이름은 손미정입니다.

请给核实一下住宿登记,

我的名字是孙米晶。

칭 게이 허 스 이 시아 쭈 쑤 떵 찌. 워 더 밍 쯔 스 쑨 미 징.

❹ 예약 확인서입니다.

有预约确认单。

여우 위 위에 취에 런 딴.

❺ 이 양식에 어떻게 기입해야 합니까?

怎样填写这张表格?

전 양 티엔 시에 쩌 장 뱌오 거?

❻ 여기에 기재하시고 사인해 주세요.

填完后, 请在这里签名。

티엔 완 허우, 칭 짜이 쩌 리 치엔 밍.

❼ 전망 좋은 방을 부탁합니다.
请给我找间视野好点的房间。
칭 게이 워 짜오 지엔 스 예 하오 디엔 더 팡 지엔.

❽ 선생님 방은 7층 5호실입니다.
您的房间在七楼五号。
닌 더 팡 지엔 짜이 치 러우 우 하오.

❾ 이 방이 당신을 위해 준비해 둔 방입니다.
这个房间是专为您预备的。
쩌 거 팡 지엔 스 주완 웨이 닌 위 뻬이 더.

❿ 이 방이 맘에 들지 않아요, 좀더 밝은 방으로 주십시오.
这个房间我不太满意，
请帮我换间亮点的房间。
쩌 거 팡 지엔 워 부 타이 만 이,
칭 빵 워 환 지엔 량 디엔 더 팡 지엔.

⓫ 이 방으로 하겠습니다.
就住这个房间吧。
쩌우 쭈 쩌 거 팡 지엔 바.

⓬ 가방 나르는 것 좀 도와주시겠습니까?
能帮我把皮箱拿到房间吗？
넝 빵 워 빠 피 샹 나 따오 팡 지엔 마?

## unit 5 방 사용법

**①** 이것은 무엇입니까?

这是什么?

쩌 스 션 머?

**②** 이것은 어떻게 사용합니까?

这个怎样使用?

쩌 거 전 양 스 용?

**③** 냉장고 안에 있는 것을 먹으면, 언제 지불해야 합니까?

吃冰箱里面的食品,怎样结帐?

츨 삥 샹 리 미엔 더 슬 핀, 전 양 지에 짱?

**④** 에어컨의 온도는 어떻게 조절합니까?

怎样调整空调的温度?

전 양 탸오 정 콩 탸오 더 원 두?

**⑤** 이 문은 자동적으로 자물쇠가 걸립니까?

这房门的自动锁好使吗?

쩌 팡 먼 더 즈 똥 쒀 하오 스 마?

**귀중품 맡기기**

❶ 귀중품을 맡길 수 있습니까?

  能寄存贵重物品吗?

  넝 지 춘 꿰이 쭝 우 핀 마?

❷ 귀중품 보관함에 맡길 수 있습니까?

  贵重物品能寄存到保险箱里吗?

  꿰이 쭝 우 핀 넝 지 춘 따오 바오 시엔 샹 리 마?

❸ 이것들을 맡아 주십시오.

  请帮我寄存这些东西。

  칭 빵 워 지 춘 쪄 시에 똥 시.

❹ (열쇠를 보이면서) 귀중품을 꺼내고 싶습니다.

  请帮我取下东西。

  칭 빵 워 취 시아 똥 시.

❺ 귀중품 보관함 열쇠를 잃어버렸습니다.

  保管箱的钥匙被我丢失了。

  바오 관 샹 더 야오 슬 뻬이 워 띠우 스 러.

**방 문이 잠겼을 때**

❶ 제 방 문이 잠겼습니다.

我的房门锁上了。

워더 팡 먼 쒀 샹 러.

❷ 제 방의 문이 잠겼습니다. 문 좀 열어 주시겠습니까?

我的房门锁上了。请给开下门好吗？

워더 팡 먼 쒀 샹 러. 칭 게이 카이 시아 먼 하오 마?

❸ 여벌의 열쇠를 빌릴 수 있습니까?

能借用下备用钥匙吗？

넝 지에 용 시아 뻬이 용 야오 슬 마?

❹ 여분의 키를 주십시오.

请给我这个房间的钥匙。

칭 게이 워 쩌 거 팡 지엔 더 야오 슬.

❺ 열쇠는 가지고 있어도 됩니까?

钥匙我拿着也可以吗？

야오 슬 워 나 저 예 커 이 마?

❻ 열쇠를 잃어버렸습니다.

我丢了钥匙

워 띠우 러 야오 슬.

❶ 모닝콜을 부탁합니다.

我要叫醒服务。

워 야오 지아오 싱 푸 우.

❷ 몇 시에 깨워드릴까요?

您要什么时候?

워 야오 션 머 스 허우?

❸ 전화로 깨워 주십시오. 아침 6시입니다.

请用电话在早晨六点叫醒我。

칭 용 띠엔 후아 짜이 자오 천 리우 디엔 지아오 싱 워.

❹ 기상 시간에 전화를 해주십시오.

请将电话铃声延长一点。

칭 쟝 띠엔 후아 링 성 얜 창 이 디엔.

❺ 저는 잠귀가 어둡습니다.
대답이 없거든, 벨을 계속 울려 주세요.

我睡眠重。只要不接听电话，请持续震铃。

워 쉐이 미엔 쭝. 즈 야오 뿌 지에 팅 띠엔 후아, 칭 츠 쉬 쩐 링.

❻ 잊지 않겠죠? 아침에 꼭 일어나야 합니다.

不能忘了吧? 我早晨必须起床。

뿌 넝 왕 러 바? 워 자오 천 삐 쉬 치 촹.

## unit 9  룸 서비스

**❶ 룸 서비스입니다, 무엇을 도와드릴까요?**

我是房间服务员，请问需要什么帮助？

워 스 팡 지엔 푸 우 위엔, 칭 원 쉬 야오 션 머 빵 쭈?

**❷ 여보세요, 룸 서비스죠? 주문을 하고 싶은데요.**

您好。是房间服务员吗？我想定餐。

닌 하오. 스 팡 지엔 푸 우 위엔 마? 워시앙 띵 찬.

**❸ 아침 식사 배달됩니까?**

早餐可以送到房间吗？

자오 찬 커 이 쏭 따오 팡 지엔 마?

**❹ 샌드위치와 우유 한 잔 부탁합니다.**
**205호실에 묵고 있는 미스 손입니다.**

请送一份三明治和一杯牛奶到205房

间给孙女士。

칭 쏭 이 펀 싼 밍 쯔 허 이 베이 녀우 나이 따오 얼 링 우 팡

지엔 게이 쑨 뉘 슬.

**❺ 205호실 미스 손인데요, 커피 한 주전자 갖다 주십시오.**

我是205房间的孙女士，

请送一壶咖啡来。

워 스 얼 링 우 팡 지엔 더 쑨 뉘 슬, 칭 쏭 이 후 카 페이 라이.

❻ 얼음 좀 가져다 주시겠습니까?

能给我拿点冰快吗?

넝 게이 워 나 디엔 삥 콰이 마?

❼ 이것이 전부입니다.

就这些。

쪄우 쩌 시에.

❽ 어느 정도 시간이 걸립니까?

需要多长时间?

쉬 야오 뚜어 창 스 지엔?

❾ 감사합니다. 20분 정도 걸릴 것입니다.

谢谢。大约二十分钟后送到。

시에 시에. 따 위에 얼 스 펀 종 허우 송 따오.

❿ 될 수 있으면 빨리 배달해 주십시오. 몹시 배고프네요.

尽可能快点送到好吗，已经很饿了。

진 커 넝 콰이 디엔 쏭 따오 하오 마. 이 징 헌 으어 러.

⓫ 주문한 것은 아직입니까?

还有什么需要的吗?

하이 여우 션 머 쉬 야오 더 마?

⓬ 주문한 아침식사가 아직도 오지 않았습니다.

我点的早餐怎么还没有来呵。

워 디엔 더 자오 찬 전 머 하이 메이 여우 라이 아.

⑬ 곧 갖다드리겠습니다.

一定给您送去。

이 띵 게이 닌 쏭 취.

⑭ 누구십니까?

您是谁?

닌 스 쉐이?

⑮ 룸 서비스입니다, 들어가도 될까요?

客房服务, 可以进去吗?

커 팡 푸 우, 커 이 찐 취 마?

⑯ 잠깐만 기다리세요.

请稍等。

칭 샤오 떵.

⑰ 다 먹고 나서 빈 그릇은 어떻게 해야 합니까?

用餐后的餐具放在哪呢?

용 찬 허우 더 찬 쮜 팡 짜이 나 너?

⑱ 다 드시고 나서 밖에다 내놓으십시오.

吃完后放在门口就可以了。

츠 완 허우 팡 짜이 먼 커우 쩌우 커 이 러.

⑲ 여기 팁 있어요.

这里是小费。

쩌 리 스 시아오 페이.

❶ 도와주시겠습니까?

能帮忙吗？

넝 빵 망 마?

❷ 에어컨 좀 켜 주세요.

请给开下空调。

칭 게이 카이 시아 콩 탸오.

❸ 이것을 고칠 사람을 보내 주세요.

请一位修理工来房间。

칭 이 웨이 셔우 리 꽁 라이 팡 지엔.

❹ 샤워기에서 더운 물이 나오지 않아요.

淋浴器没有热水。

린 위 치 메이 여우 러 쉐이.

❺ 이것이 이상합니다.

这个很奇怪。

쩌 거 헌 치 과이.

❻ TV 상태가 좋지 않습니다.

电视效果不太好。

띠엔 스 샤오 구어 부 타이 하오.

**❼** 변기가 고장났습니다.
坐便出故障了。
쭈어 피엔 추 꾸 장 러.

**❽** 전구가 끊어졌습니다.
房灯没有电。
팡 떵 메이 여우 띠엔.

**❾** 시트가 더럽습니다.
床单不干净。
촹 딴 뿌 깐 징.

**❿** 세탁을 부탁하고 싶습니다.
请帮忙洗下衣服。
칭 빵 망 시 시아 이 푸.

**⓫** 오늘 밤 저녁 식사 때 입을 것입니다.
今天晚餐时要穿的。
진 티엔 완 찬 스 야오 촨 더.

**⓬** 여기에 얼룩이 졌는데, 지울 수 있습니까?
这个污渍，能洗干净吗?
쩌 거 우 즈, 넝 시 깐 징 마?

**⓭** 이 셔츠를 다려 주세요.
请给熨下衬衫
칭 게이 윈 시아 천 샨.

**⑭ 언제 됩니까?**

什么时间能取?

션 머 스 지엔 넝 취?

**⑮ 급히 서둘면 셔츠 세탁은 얼마나 걸립니까?**

最快的速度洗这衬衫要多长时间?

쮀이 콰이 더 수 두 시 쩌 천 샨 야오 뚜어 창 스 지엔?

**⑯ 내일 아침까지 됩니까?**

到明天早上可以吗?

따오 밍 티엔 자오 샹 커 이 마?

**⑰ 언제 가져다 주실 수 있습니까?**

什么时间给送去呢?

션 머 스 지엔 게이 쏭 취 너?

**⑱ 내일 오후까지 됩니다.**

明天下午可以。

밍 티엔 시아 우 커 이.

**⑲ 얼마입니까?**

需要多少钱?

쉬 야오 뚜어 샤오 치엔?

**⑳ 언제 지불하면 됩니까?**

什么时间交款?

션 머 스 지엔 지아오 콴?

## unit 11  프런트 데스크에 문의하기

❶ 이 도시의 지도 좀 주시겠습니까?

能给我这个城市的地图吗？

넝 게이 워 쩌 거 청 슬 더 띠 투 마?

❷ 이 도시의 행사 안내지 좀 주십시오.

请给我一份这个城市的旅游指南

칭 게이 워 이 펀 쩌 거 청 슬 더 뤼 여우 즈 난.

❸ 여기를 어떻게 갑니까?

去这里怎么走？

취 쩌 리 전 머 저우?

❹ 시내 투어가 있습니까?

有市内游吗？

여우 스 네이 여우 마?

❺ 여기서 환전됩니까?

在这里可以兑换钱币吗？

짜이 쩌 리 커 이 뒈이 환 치엔 삐 마?

❻ (항공권을 보여주면서) 전화로 비행기 예약 재확인을 부탁합니다.

用电话确认预约的。

용 띠엔 후아 취에 런 위 위에 더.

❶ 김씨 좀 찾아주세요.

请找一下金先生。

칭 짜오 이 시아 찐 시엔 셩.

❷ 김씨에게 메모를 남기고 싶습니다.

想给金先生留言。

시앙 게이 찐 시엔 셩 리우 얜.

❸ 메모는 어디에 남기면 됩니까?

在哪里留言可以呢?

짜이 나 리 리우 얜 커 이 너?

❹ 김씨를 불러 주시겠습니까?

请找一下金先生好吗?

칭 짜오 이 시아 찐 시엔 셩 하오 마?

❺ 김 선생님의 방을 가르쳐 주십시오.

请告诉我金先生的房间号。

칭 까오 쑤 워 찐 시엔 셩 더 팡 지엔 하오.

## unit 13 체크 아웃

❶ 안녕하십니까. 프런트데스크입니다. 뭘 도와드릴까요?
您好。这里是总台。
请问需要什么帮助?
닌 하오. 쩌 리 스 쫑 타이. 칭 원 쉬 야오 션 머 빵 쭈?

❷ 지금 체크 아웃하려고 합니다.
现在想申请退宿。
시엔 짜이 시앙 션 칭 퉤이 수.

❸ 하룻밤 일찍 떠나려고 합니다.
我想提前一天退房。
워 시앙 티 치엔 이 티엔 퉤이 팡.

❹ 하루 더 머무를 수 있습니까?
能再住一天吗?
넝 짜이 쭈 이 티엔 마?

❺ 체크아웃 시간을 연장할 수 있을까요?
申请退房的时间可以再延长一点吗?
션 칭 퉤이 팡 더 스 지엔 커 이 짜이 앤 창 이 디엔 마?

❻ 언제 체크아웃 하시겠습니까?
想什么时间办理退房手续?
시앙 션 머 스 지엔 빤 리 퉤이 팡 셔우 쉬?

**❼** 체크아웃 시간은 언제입니까?

办理退房的时间是几点?

빤 리 퉤이 팡 더 스 지엔 스 지 디엔?

**❽** 늦게 퇴실하실 수 있는 시간은 3시까지이고,
50위엔이 추가로 부과됩니다.

最晚不超过三点,
超过要多加五十元钱。

쮀이 완 뿌 차오 구어 싼 디엔,
차오 궈 야오 뚜어 쟈 우 스 위엔 치엔.

**❾** 내 짐을 들어 줄 사람을 올려 보내 주시겠습니까?

能帮我找个拿行李的人吗?

넝 빵 워 짜오 거 나 씽 리 더 런 마?

**❿** 짐을 4시까지 맡아 주시겠습니까?

把行李寄存在这里到四点钟取可以吗?

빠 씽 리 지 춘 짜이 쪄 리 따오 쓰 디엔 종 취 커 이 마?

## unit 14 객실 요금 지불

❶ 여기 객실 요금 계산서가 있습니다.

这里有室内费用结算单。

쩌 리 여우 슬 네이 페이 용 지에 쑤안 딴.

❷ 계산서와 카드 영수증에 사인해 주시겠습니까?

请在结算单磁卡发票上签字好吗?

칭 짜이 지에 쑤안 딴 츠 카 파 피아오 샹 치엔 즈 하오 마?

❸ 이렇게 하면 됩니까?

这样写可以吗?

쩌 양 시에 커 이 마?

❹ 객실 식품 사용료를 어떻게 지불하실 건가요?

房间的食品怎样付款呢?

팡 지엔 더 슬 핀 쩐 양 푸 콴 너?

❺ 여행자 수표로 지불하겠습니다.

想用旅行支票结帐。

시앙 용 뤼 씽 즈 피아오 지에 짱.

❻ 객실 요금을 카드로 지불해도 됩니까?

房间费用用中国的卡结算可以吗?

팡 지엔 페이 용 용 쭝 구어 더 카 지에 쑤안 커 이 마?

**❼** 네, 받습니다.

是, 可以的。

스, 커 이 더.

**❽** 방값이 세금과 서비스 요금을 포함해서 300위엔입니다.

住宿费, 税金服务费等费用包含
在一起三百元整。

쭈 수 페이 쉐이 찐 푸 우 페이 떵 페이 용 빠오 한
짜이 이 치 싼 바이 위엔 정.

**❾** 전 영수증이 필요합니다.

我需要开发票。

워 쉬 야오 카이 파 피아오.

**❿** 제 계산서에 실수가 있는 것 같아요.

我的结算单好象错了。

워 더 지에 쑤안 딴 하오 샹 추어 러.

**⓫** 이것은 무슨 비용입니까?

这是什么费用?

쩌 스 션 머 페이 용?

**⓬** 어디서 공항버스를 탈 수 있습니까?

在哪里能坐机场巴士?

짜이 나 리 넝 쭈어 지 창 빠 스?

# chapter 05

## 식당에서

# 식당에서

**식당 소개받기**

❶ 좋은 음식점을 추천해 주실래요?
   能帮我选择一下好餐厅吗？
   넝 빵 워 쉔 저 이 시아 하오 찬 팅 마?

❷ 그러죠. 어떤 종류의 음식을 드시고 싶으십니까?
   可以的。想吃哪种风味的料理呢？
   커 이 더. 시앙 츠 나 쫑 펑 웨이 더 랴오 리 너?

❸ 이 지방의 명물 요리를 먹고 싶습니다.
   想吃这地方有名的料理。
   시앙 츠 쩌 띠 팡 여우 밍 더 랴오 리.

❹ 이 근처에 한국 음식점은 없습니까?
   这附近没有韩国料理吗？
   쩌 푸 진 메이 여우 한 구어 랴오 리 마?

❺ 이 근처에 그다지 비싸지 않은 음식점은 없습니까?
   这附近有不太贵的餐厅吗？
   쩌 푸 진 여우 부 타이 꿰이 더 찬 팅 마?

❻ 한국식 음식점을 찾고 있습니다.

想找一个韩国风味的餐厅。

시앙 짜오 이 거 한 구어 펑 웨이 더 찬 팅.

❼ 여기서 한국 식당은 얼마나 멉니까?

这里离韩国餐厅多远?

쩌 리 리 한 구어 찬 팅 뚜어 위엔?

❽ 길 건너에 하나 있습니다.

马路对面有一家。

마 루 뚜에이 미엔 여우 이 지아.

❾ 어느 거리에 레스토랑이 많습니까?

哪条街上的餐厅最多?

나 티아오 지에 샹 더 찬 팅 쮀이 뚜어?

❿ 싸고 맛있는 가게는 있습니까?

有既便宜又好吃的店铺吗?

여우 지 피엔 이 여우 하오 츠 더 띠엔 푸 마?

⓫ 이 시간에 영업하는 가게가 있습니까?

这个时候有营业的店吗?

쩌 거 스 허우 여우 잉 예 더 띠엔 마?

❶ 안녕하세요. 중한식당입니다. 무엇을 도와드릴까요?

您好，这里是中韩餐厅。
请问您需要什么帮助？

닌 하오, 쩌 리 스 풍 한 찬 팅. 칭 원 닌 쉬 야오 션 머 빵 쭈?

❷ 예약해야 하나요?

需要预约吗？

쉬 야오 위 에에 마?

❸ 오늘 저녁 예약을 하려고 합니다.

想预定今天晚上的晚餐。

시앙 위 띵 진 티엔 완 상 더 완 찬.

❹ 예약을 몇 시로 해드릴까요?

想预定几点的？

시앙 위 띵 지 디엔 더?

❺ 오늘 밤 8시에 4인석을 예약하고 싶습니다.

请帮我预定今晚八点四人包间。

칭 빵 워 위 띵 진 완 빠 디엔 쓰 런 빠오 지엔.

❻ 이번 일요일 저녁 4인석을 예약하고 싶습니다.

想在这个星期天晚上预定四人坐席的包间。

시앙 짜이 쩌 거 씽 치 티엔 완 상 위 띵 쓰 런 쭈어 시 더 빠오 지엔.

❼ 4인석이요. 이름을 불러 주시겠습니까?

预定四人包间，请问您的名字是什么？

위띵 쓰런 빠오 지엔, 칭 원 닌 더 밍 즈 스 션 머?

❽ 제 이름은 손미정입니다.

我的名字是孙米晶。

워 더 밍 즈 스 쑨 미 징.

❾ 예약금을 내야 합니까?

要定金吗？

야오 띵 찐 마?

❿ 죄송하지만, 30분 정도 늦을 것 같습니다.

很抱歉，可能要迟到半个小时

헌 빠오 치엔, 커 넝 야오 츠 따오 빤 거 시아오 스.

⓫ 그 레스토랑은 예약해야 하나요?

那家餐厅需要预约吗？

나 지아 찬 팅 쉬 야오 위 위에 마?

⓬ 여기서 예약할 수 있나요?

在这里可以预约吗？

짜이 쩌 리 커 이 위 위에 마?

⓭ 몇 시면 자리가 납니까?

几点中有位子吗？

지 디엔 쫑 여우 웨이 즈 마?

**식당에 들어설 때**

❶ 안녕하세요, 예약을 하셨습니까?
您好，有事先预约吗?
닌 하오, 여우 슬 시엔 위 위에 마?

❷ 7시에 예약한 손미정입니다.
七点种预约的孙米晶。
치 디엔 쫑 위 위에 더 쑨 미 징.

❸ 6시에 예약했습니다.
在六点种预约的。
짜이 리우 디엔 쫑 위 위에 더.

❹ 어느 분의 이름으로 하셨습니까?
用谁的名字预约的呢?
용 쉐이 더 밍 즈 위 위에 더 너?

❺ 저는 손미정입니다. 예약하고 왔습니다.
我是孙米晶。预约后来的。
워 스 쑨 미 징. 위 위에 허우 라이 더.

❻ 잠시만요. 예, 여기 예약했군요.
请稍等。是，在这里有预约。
칭 샤오 떵. 스, 짜이 쩌 리 여우 위 위에.

**❼** 좋은 저녁입니다. 몇 명이십니까?

晚上好。请问几位？

완 샹 하오. 칭 원 지 웨이?

**❽** 네 명입니다.

有四位。

여우 쓰 웨이.

**❾** 창가 쪽에 앉을 수 있나요?

能坐在靠窗边的位置吗？

넝 쭈어 짜이 카오 촹 삐엔 더 웨이 즈 마?

**❿** 조용한 안쪽 자리로 부탁합니다.

请给我里面安静的位子。

칭 게이 워 리 미엔 안 징 더 웨이 즈.

**⓫** 이리 오시죠.

请到这边来。

칭 따오 쩌 삐엔 라이.

**⓬** 저를 따라와 주시겠습니까?

请跟我来好吗？

칭 껀 워 라이 하오 마?

**⓭** 예약은 하지 않았습니다. 3인석 있습니까?

我没有预约。有三人台吗？

워 메이 여우 위 위에. 여우 싼 런 타이 마?

❶ 창가 쪽 테이블로 해주십시오.

请给靠窗的餐台好吗?

칭 게이 카오 촹 더 찬 타이 하오 마?

❷ 귀빈실로 할 수 있습니까?

可以给高档间吗?

커 이 게이 까오 땅 지엔 마?

❸ 어린이용 의자가 있습니까?

有儿童用的椅子吗?

여우 얼 퉁 용 더 이 즈 마?

❹ 자리를 바꿔도 됩니까?

换座位可以吗?

환 쭈어 웨이 커 이 마?

❺ 전망 좋은 자리에 앉고 싶습니다.

想坐视线好的座位。

시앙 쭈어 슬 시엔 하오 더 쭈어 웨이.

❻ 이 자리에 누가 있습니까?

这个位子有人座吗?

쩌 거 웨이 즈 여우 런 쭈어 마?

## unit 5    자리가 없을 때

❶ 빈 자리가 있습니까?
有空位子吗?
여우 콩 웨이 즈 마?

❷ 4인석 테이블 있습니까?
有四人台吗?
여우 쓰 런 타이 마?

❸ 지금은 자리가 다 찼습니다.
现在满桌了。
시엔 짜이만 주어 러.

❹ 테이블이 생길 때까지 기다려도 됩니까?
可以在这里等空位子吗?
커 이 짜이 쩌 리 떵 콩 웨이 즈 마?

❺ 언제쯤이면 자리가 생깁니까?
什么时间能有空位子呢?
션 머 스 지엔 넝 여우 콩 웨이 즈 너?

❻ 어느 자리든 상관 없습니다.
哪个台都可以没有关系。
나 거 타이 떠우 커 이 메이 여우 꽌 시.

**요리 추천받기**

❶ 무엇을 주문해야 할지 모르겠군요.
권할 만한 음식이 있습니까?

不知道点什么有推荐的饮食吗？

뿌 쯔 다오 디엔 션 머 여우 퉤이 찌엔 더 인 슬 마?

❷ 섬심식사로 먹을 만한 것이 있습니까?

中午有什么可吃的吗？

쭝 우 여우 션 머 커 츨 더 마?

❸ 오늘의 특별 메뉴는 뭐죠?

今天的特色菜是什么？

진 티엔 더 터 스어 차이 스 션 머?

❹ 어떤 것을 권하시겠습니까?

给推荐什么呢？

게이 퉤이 찌엔 션 머 너?

❺ 어떤 요리가 맛있죠?

哪种料理好吃？

나 쭝 랴오 리 하오 츨?

❻ 그밖에 잘 하는 것이 더 있나요?

还有别的拿手的吗？

하이 여우 비에 더 나 셔우 더 마?

❼ 메뉴에 있는 거라면, 아무것이든 추천하고 싶습니다.

只要菜单里有的，你可以随意选择。

즈 야오 차이 딴리 여우 더, 니 커 이 쉐이 이 쉔 저.

❽ 이 고장의 명물 요리가 있습니까?

这胡同里有出名的料理吗？

쩌 후 퉁 리 여우 추 밍 더 랴오 리 마?

❾ 이 음식점의 명물 요리는 무엇입니까?

这个店出名的特色是什么？

쩌 거 띠엔 추 밍 더 터 스어 스 션 머?

❿ 주방장 추천 요리는 무엇입니까?

厨师最拿手的是什么？

추 슬 쮀이 나 셔우 더 스 션 머?

⓫ 정식은 있습니까?

有正餐吗？

여우 쩡 찬 마?

⓬ 오늘의 특별 수프는 무엇입니까?

今天的汤有什么特殊的吗？

진 티엔 더 탕 여우 션 머 터 수 더 마?

**❶** 메뉴를 보여 주시겠습니까?

看下菜谱好吗？

칸 시아 차이 푸 하오 마?

**❷** 주문이 정해지면 웨이터를 부르겠습니다.

点好菜时叫服务员。

디엔 하오 차이 스 지아오 푸 우 위엔.

**❸** 메뉴판을 다시 갖다 주시겠어요?

能再给拿张菜谱吗？

넝 짜이 게이 나 장 차이 푸 마?

**❹** 영어로 된 메뉴가 있습니까?

有英文菜谱吗？

여우 잉 원 차이 푸 마?

**❺** 한국어로 된 메뉴가 있습니까?

有韩文菜谱吗？

여우 한 원 차이 푸 마?

**❻** 웨이터, 메뉴 좀 갖다 주세요.

服务员，来菜单吧。

푸 우 위엔, 라이 차이 딴 바?

## unit 8    요리에 대해 묻기

**❶** 이건 어떤 요리죠?

这是什么料理?

쩌 스 션 머 랴오 리?

**❷** 이 요리가 어떤 것인지 설명해 주시겠어요?

能介绍下这道菜吗?

넝 지에 샤오 시아 쩌 다오 차이 마?

**❸** 뜨겁고 맵나요?

是又热又辣吗?

스 여우 러 여우 라 마?

**❹** 이것을 어떻게 먹지요?

这道菜怎么吃呢?

쩌 다오 차이 전 머 츨 너?

**❺** 이것과 저것은 뭐가 다르죠?

这个和那个有什么区别?

쩌 거 허 나 거 여우 션 머 취 비에?

**❻** 이 요리는 금방 되나요?

这菜能马上做好吗?

쩌 차이 넝 마 샹 쭈어 하오 마?

❶ 오늘 저녁 이 테이블을 담당할 종업원입니다.

今天晚上我是这张餐台的服务员。

진 티엔 완 샹 워 스 쩌 장 찬 타이 더 푸 우 위엔.

❷ 주문받아도 됩니까?

请问现在可以点菜吗?

칭 원 시엔 짜이 커 이 디엔 차이 마?

❸ 무엇을 드시겠어요?

想吃点什么呢?

시앙 츨 디엔 션 머 너?

❹ 잠시 있다가요.

请稍等。

칭 샤오 떵.

❺ 잠시만요. 아직 정하지 못하였습니다.

还没有决定,请稍等会。

하이 메이 여우 쥐에 띵, 칭 샤오 떵 훼이.

❻ 미안하지만, 주문하려면 시간이 좀더 필요한데요.

不好意思,要点菜还要等一段时间。

뿌 하오 이 스, 야오 디엔 차이 하이 야오 떵 이 뚜안 스 지엔.

❼ 웨이터, 주문해도 될까요?

服务员，现在点菜可以吗？

푸 우 위엔, 시엔 짜이 디엔 차이 커 이 마?

❽ (메뉴를 가리키며) 이것과 이것을 주세요.

请给我这道和那道菜。

칭 게이 워 쩌 다오 허 나 다오 차이.

❾ 이것으로 부탁합니다.

我要点这个。

워 야오 디엔 쩌 거.

❿ 저도 같은 것으로 주세요.

也请给我一样的。

예 칭 게이 워 이 양 더.

⓫ 후식을 드시겠습니까?

需要什么酒？

쉬 야오 션 머 지우?

⓬ 칵테일을 주세요.

请给一杯鸡尾酒。

칭 게이 이 베이 지 웨이 지우.

⓭ 네, 이미 주문했습니다.

好的，已经点好菜了。

하오 더, 이 징 디엔 하오 차이 러.

❶ 주문하시겠습니까?

请问要点什么?

칭 원 야오 디엔 션 머?

❷ 와인 리스트를 보여주시겠어요?

能看下酒水单吗?

넝 칸 시아 지우 쉐이 딴 마?

❸ 식사 전에 마실 것을 원합니까?

用餐前想喝点什么?

용 찬 치엔 시앙 허 디엔 션 머?

❹ 먼저 음료를 주문하고 싶습니다.

想先点些饮料。

시앙 시엔 디엔 시에 인 랴오.

❺ 음료수는 어떤 게 있지요?

都有什么饮料?

떠우 여우 션 머 인 랴오?

❻ 이 고장의 와인을 한 병 주세요.

请给拿瓶本地产的葡萄酒。

칭 게이 나 핑 번 띠 찬 더 푸 타오 지우.

❼ 시작으로 와인 됩니까?

这葡萄酒边吃主食边喝可以吗?

쩌 푸 타오 지우 삐엔 츠 주 슬 삐엔 허 커 이 마?

❽ 물 한 잔 더 주세요.

请再给杯水。

칭 짜이 게이 베이 쉐이.

❾ 저것을 마셔 볼까 합니다.

想品尝一下那个东西。

시앙 핀 창 이 시아 나 거 똥 시.

❿ 어떤 종류의 술을 드시겠습니까?

需要哪种酒?

쉬 야오 나 쫑 지우?

⓫ 위스키 있어요?

有威士忌酒吗?

여우 웨이 슬 지 지우 마?

⓬ 위스키는 어떻게 드시겠습니까?

威士忌酒想怎样喝呢?

웨이 스 지 지우 시앙 전 양 허 너?

⓭ 물과 얼음을 넣어 주세요.

请给参水和冰块。

칭 게이 찬 쉐이 허 삥 콰이.

❶ 이제, 주요리를 결정하셨습니까?

现在想点主食吗?

시엔 짜이 시앙 디엔 주 슬 마?

❷ 스테이크와 샐러드를 주세요.

请给炸肉排和沙啦滋。

칭 게이 자 러우 파이 허 샤 라 즐.

❸ 스테이크는 어느 정도로 구울까요?

肉排要烤到什么程度呢?

러우 파이 야오 카오 따오 션 머 청 두 너?

❹ 바싹 익혀 주세요.

烤的火大一点。

카오 더 후어 따 이 디엔.

❺ 중간으로 익혀 주세요.

烤的正好程度。

카오 더 쩡 하오 청 두.

❻ 덜 익혀 주세요.

烤的轻一点就行。

카오 더 칭 이 디엔 쩌우 씽.

❼ 주요리에는 무엇을 곁들이시겠습니까?

主食需要什么呢?

주 스 쉬 야 오 션 머 너?

❽ 프렌치 드레싱을 주세요.

请给付郎奇沙啦吧。

칭 게이 푸 랑 치 샤 라 바.

❾ 정식 세트를 주문하겠습니다.

我想点套菜。

워 시앙 디엔 타오 차이.

❿ 달걀은 어떻게 드시겠습니까?

请问鸡蛋想怎么吃?

칭 원 지 단 시앙 전 머 츠?

⓫ 스크램블로 해주세요.

煎一下就可以。

찌엔 이 시아 쩌우 커 이.

⓬ 야채는 무엇으로 하시겠습니까?

都需要什么青菜?

떠우 쉬 야 오 션 머 칭 차이?

⓭ 어떻게 드실 겁니까?

都想怎么吃?

떠우 시앙 전 머 츨?

❶ 주문을 바꾸어도 됩니까?

能帮我调换下菜吗?

넝 빵 워 탸오 환 시아 차이 마?

❷ 메뉴를 다시 보고 싶군요.

再看下菜单可以吗?

짜이 칸 시아 차이 딴 커 이 마?

❸ 커피 대신 홍차로 바꾸고 싶습니다.

用咖啡换红茶可以吗?

용 카 페이 환 홍 차 커 이 마?

❹ 가능하다면 주문을 취소하고 싶은데요.

可能的话想取消所点的菜。

커 넝 더 후아 시앙 취 시아오 수어 디엔 더 차이.

❺ 가능하면 우리의 주문을 좀 바꾸고 싶은데요.

可能的话想换下我们点的菜。

커 넝 더 후아 시앙 환 시아 워 먼 디엔 더 차이.

❻ 찬 것으로 좀 바꿔 주시겠어요?

给换下凉的可以吗?

게이 환 시아 리앙 더 커 이 마?

**❼** 이것은 제가 주문한 것이 아닙니다.

这个不是我点的菜。

쩌 거 부 스 워 디엔 더 차이.

**❽** 죄송합니다. 무엇을 주문하셨습니까?

不好意思。请问您点的是什么?

뿌 하오 이 스. 칭 원 닌 디엔 더 스 션 머?

**❾** 이건 다른 사람의 주문 아닙니까?

这不是其他人点的吗?

쩌 부 스 치 타 런 디엔 더 마?

**❿** 저는 아이스크림이 아닌 샤베트를 주문했습니다.

我点的是可乐不是冰淇淋。

워 디엔 더 스 커 러 부 스 삥 치 린.

**⓫** 이거 맛이 이상합니다.

这个味道很奇怪。

쩌 거 웨이 다오 헌 치 과이.

**⓬** 다른 것을 갖다 주시겠어요?

请给拿别的好吗?

칭 게이 나 비에 더 하오 마?

**⓭** 새 것으로 바꿔주세요.

请给我换新的。

칭 게이 워 환 신 더.

❶ 디저트로 무엇을 드시겠습니까?

需要什么餐后点心?

쉬 야오 션 머 찬 허우 디엔 신?

❷ 디저트는 나중에 주문하겠습니다.

餐后点心过一会再点。

찬 허우 디엔 신 구어 이 훼이 짜이 디엔.

❸ 디저트를 주세요.

请给我餐后点心。

칭 게이 워 찬 허우 디엔 신.

❹ 디저트로 아이스크림을 주세요.

餐后点心请给冰淇淋。

찬 허우 디엔 신 칭 게이 삥 치 린.

❺ 디저트로 과일을 주세요.

餐后点心请给水果。

찬 허우 디엔 신 칭 게이 쉐이 구어.

❻ 저녁 식사 후에 커피를 마시겠습니다.

吃完晚饭后想喝咖啡。

츨 완 완 판 허우 시앙 허 카 페이.

**❼** 어떤 주스를 드시겠습니까?

请问想喝那种果汁?

칭 원 시앙 허 나 쭝 구어 즐.

**❽** 오렌지 주스 한 잔 주세요.

请给一杯橙汁。

칭 게이 이 베이 청 즐.

**❾** 홍차를 드시겠습니까, 아니면 커피를 드시겠습니까?

请问喝红茶还是喝咖啡?

칭 원 허 훙 차 하이 스 허 카 페이?

**❿** 커피를 어떻게 해드릴까요?

要什么样的咖啡?

야오 션 머 양 더 카 페이?

**⓫** 제 커피는 블랙으로 타 주세요.

我的咖啡按原样冲。

워 더 카 페이 안 위엔 양 충.

**⓬** 커피 한 잔 더 주십시오.

请再给杯咖啡。

칭 짜이 게이 베이 카 페이

**⓭** 디저트는 생략하겠습니다.

甜食就省了吧。

티엔 스 쪄우 성 러 바.

❶ 다 드셨습니까?

已经吃完了吗?

이 징 츨 완 러 마?

❷ 음식 정말 좋았습니다. 고맙습니다.

饭菜真的很好吃。谢谢。

판 차이 쪈 더 헌 하오 츨. 시에 시에.

❸ 남은 것은 가지고 가셔도 됩니다.

剩下的可以打包拿走。

성 시아 더 커 이 따 빠오 나 저우.

❹ 남은 것을 집으로 가져가시겠습니까?

剩下的要拿回去吗?

성 시아 더 야오 나 훼이 취 마?

❺ 다 먹지 못했습니다. 포장 용기를 주시겠어요?

没有吃了。请给个包装袋?

메이 여우 츨 러. 칭 게이 거 빠오 주앙 다이?

❻ 이것 좀 포장해 주시겠어요?

这个给打下包装好吗?

쩌 거 게이 따 시아 빠오 주앙 하오 마?

## unit 15 계산서 요구

❶ 계산은 어디에서 하면 됩니까?
在哪儿买单？
짜이 날 마이 딴?

❷ 당신에게 지불해야 합니까,
아니면 계산대에 가서 해야 합니까?
是在这里结帐，还是到吧台呢？
스 짜이 쩌 리 지에 짱, 하이 스 따오 바 타이 너?

❸ 계산서를 주세요.
给结帐单。
게이 지에 짱 딴.

❹ 웨이터, 계산서를 가져다 주시겠어요?
服务员，请把结帐单拿来好吗？
푸 우 위엔, 칭 빠 지에 짱 딴 나 라이 하오 마?

❺ 고마워요. 부탁 하나 들어 주세요.
谢谢。请接受我一个要求。
시에 시에. 칭 지에 서우 워 이 거 야오 쳐우.

❶ 두 분 따로 계산해 드릴까요?

俩位单独结帐吗?

랴 웨이 딴 두 지에 쟝 마?

❷ 따로따로 계산해 주십시오.

请单独结。

칭 딴 두 지에.

❸ 함께 계산해 줘요.

请一起结帐。

칭 이 치 지에 쟝.

❹ 여행자 수표도 받습니까?

旅行支票也收吗?

뤼 씽 즈 피아오 예 셔우 마?

❺ 이 신용 카드도 받습니까?

用信用卡也可以吗?

용 신 용 카 예 커 이 마?

❻ 서비스료도 포함된 것입니까?

手续费也包含在里面吗?

셔우 쉬 페이 예 빠오 한 짜이 리 미엔 마?

❼ 네. 서비스료가 계산서에 추가된 것입니다.
可以。但加收服务费打在结帐单里。
커 이. 딴 쟈 셔우 푸 우 페이 따 짜이 지에 짱 딴 리.

❽ (돈을 주면서) 여기 있습니다.
给您。
게이 닌.

❾ 영수증을 주시겠습니까?
能给收据吗?
넝 게이 셔우 쮜 마?

❿ 계산서가 틀린 것 같아요.
结帐单好象有点差错。
지에 짱 딴 하오 샹 여우 디엔 차이 추어.

⓫ 거스름돈이 틀립니다.
零钱好象找错了。
링 치엔 하오 샹 짜오 추어 러.

⓬ 여기 거스름돈이 있습니다.
这里是剩余的零钱。
쩌 리 스 성 위 더 링 치엔.

⓭ 거스름돈이 모자라요.
零钱不够。
링 치엔 부 꺼우.

⓮ 이건 무슨 요금인지 모르겠어요.
这是什么费用不清楚。
쩌 스 션 머 페이 용 뿌 칭 추.

⓯ 계산을 다시 좀 해 주시겠습니까?
请重新算一遍可以吗?
칭 쭝 신 쑤안 이 비엔 커 이 마?

⓰ 쇠고기 스테이크가 내 계산서에 매겨져 있는데,
나는 이것을 주문하지 않았습니다.
炸牛排这道菜我没有点,
怎么会在我的菜单里。
자 녀우 파이 쩌 다오 차이 워 메이 여우 디엔,
전 머 훼이 짜이 워 더 차이 딴 리.

⓱ 그 요리는 일품이었습니다.
菜是一流的。
차이 스 이 리우 더.

⓲ 잘 먹었습니다. 고맙습니다.
谢谢。吃得很好。
시에 시에. 츨 더 헌 하오.

⓳ 거스름돈은 넣어 두세요.
零钱不用找了。
링 치엔 부 용 짜오 러.

# chapter 06

## 관광하기

# 관광하기

## unit 1 단체 관광할 때

❶ 안녕하세요. 저는 리리입니다. 오늘 여러분의 가이드입니다.
各位好。我是李丽。担任今天的导游。
꺼 웨이 하오. 워 스 리 리. 딴 런 진 티엔 더 다오 여우.

❷ 즐거운 관광 여행이 되십시오!
愉快的观光旅行时间到了。
위 콰이 더 꽌 광 뤼 씽 스 지엔 따오 러.

❸ 이제 우리는 어디로 갑니까?
现在我们要去哪里呢？
시엔 짜이 워 먼 야오 취 나 리 너?

❹ 우선 천안문 광장으로 갑니다.
首先去最宽广的天安门广场。
서우 시엔 취 쮀이 콴 광 더 티엔 안 먼 광 창.

❺ 그 곳까지 가는 데 얼마나 걸립니까?
到那里需要多少时间？
따오 나 리 쉬 야오 뚜어 샤오 스 지엔?

❻ 약 20분입니다.

大约二十分钟。

따 위에 얼 스 펀 종.

❼ 금수교에서 섭니까?

在金水桥站吗?

짜이 찐 쉐이 챠오 짠 마?

❽ 아니오. 버스에서 거리를 구경할 겁니다.

不停。在巴士里参观沿街景色。

뿌 팅. 짜이 빠 스 리 찬 꽌 앤 지에 징 스어.

❾ 관광에 점심이 포함돼 있어요?

观光时提供午餐吗?

꽌 광 스티 궁 우 찬 마?

❿ 아니오. 식사와 음료는 각자 부담입니다.

没有。食品和饮料需要自己解决。

메이 여우. 슬 핀 허 인 랴오 쉬 야오 즈 지 지에 쥐에.

⓫ 관광은 몇 시에 끝납니까?

观光在几点钟结束?

꽌 광 짜이 지 디엔 종 지에 슈?

⓬ 오후 4시경입니다.

下午四点结束。

시아 우 쓰 디엔 지에 슈.

⑬ 야간 관광이 있습니까?

有夜间观光吗?

여우 예 지엔 꽌 광 마?

⑭ 무엇부터 구경하시겠어요?

先看什么呢?

시엔 칸 션 머 너?

⑮ 투어는 몇 시간 걸립니까?

旅有需要几个小时?

뤼 여우 쉬 야오 지 거 시아오 스?

⑯ 자유 시간은 있나요?

有自由时间吗?

여우 즈 여우 스 지엔 마?

⑰ 얼마입니까?

需要多少钱?

쉬 야오 뚜어 샤오 치엔?

⑱ 안내해 주시겠어요? 저는 따라가겠어요.

请静一下好吗? 请跟着我走。

칭 징 이 시아 하오 마? 칭 껀 저 워 저우.

⑲ 모든 걸 당신에게 맡기겠습니다.

所有的事情就拜托您了。

수어 여우 더 셜 칭 쩌우 빠이 투어 닌 러.

❶ 만리장성 가는 관광 버스가 있나요?
请问有去长城的观光巴士吗?
칭 원 여우 취 창 청 더 꽌 광 빠 스 마?

❷ 일인당 얼마죠?
一个人一天多少钱?
이 거 런 이 티엔 뚜어 샤 오 치엔?

❸ 몇 시에 출발합니까?
几点钟出发?
지 디엔 종 추 파?

❹ 얼마나 걸립니까?
需要多长时间呢?
쉬 야오 뚜어 창 스 지엔 너?

❺ 어디서 출발하나요?
在什么站出发?
짜이 션 머 짠 추 파?

❻ 한국말로 하는 가이드가 있습니까?
有说韩国语的导游吗?
여우 슈어 한 구어 위 더 다오 여우 마?

❶ 관내 안내도를 얻을 수 있을까요?

能给一本旅游指南介绍图吗？

넝 게이 이 번 뤼 여우 즈 난지에 사오 투 마?

❷ 관광객을 위한 안내 소책자가 있습니끼?

有室内介绍和讲解员吗？

여우 스 네이 지에 샤오 허 지앙 지에 위엔 마?

❸ 이 도시의 관광지도를 구할 수 있을까요?

能找一本这个城市的观光地图吗？

넝 짜오 이 번 쩌 거 청 스 더 꽌 광 띠 투 마?

❹ 한국어로 된 안내서가 있습니까?

有韩国语版的旅游指南吗？

여우 한 구어 위 반 더 뤼 여우 즈 난 마?

❺ 다음 관광단 시간은 언제입니까?

下次观光团什么时间开始？

시아 츠 꽌 광 퇀 션 머 스 지엔 카이 스?

❻ 안내소가 어디에 있습니까?

介绍所在哪里呢？

지에 샤오 수어 짜이 나 리 너?

**사진 찍을 때**

❶ 사진 좀 찍어 주시겠습니까?
能帮我拍张照片吗？
넝 빵 워 파이 장 짜오 피엔 마?

❷ 버튼만 누르면 됩니다.
只需按下快门就可以。
즈 쉬 안 시아 콰이 먼 쪄우 커 이.

❸ 한 장 더 부탁합니다.
请再照一张。
칭 짜이 짜오 이 장.

❹ 사진 한 장 찍어도 될까요?
照张像可以吗？
짜오 장 샹 커 이 마?

❺ 함께 사진 한 장 찍으면 어떨까요?
一起合拍一张好吗？
이 치 허 파이 이 장 하오 마?

❻ 여기서 사진을 찍을 수 있습니까?
在这个地方拍照允许吗？
짜이 쪄 거 띠 팡 파이 짜오 윈 쉬 마?

❶ 이 줄이 표를 사기 위해 서 있는 줄입니까?

这排是为了买票而站的排吗?

쩌 파이 스 웨이 러 마이 피아오 얼 짠 더 파이 마?

❷ 입장료는 얼마입니까?

入场券多少钱?

루 창 취엔 뚜어 샤오 치엔?

❸ 어른 2장 주세요.

请给我两张大人票。

칭 게이 워 리앙 장 따 런 피아오.

❹ 학생 할인도 해줍니까?

学生票打折吗?

쉐 성 피아오 따 저 마?

❺ 단체 할인이 되나요?

购买团体票也打折吗?

꺼우 마이 퇀 티 피아오 예 따 저 마?

❻ 몇 시에 시작합니까?

几点钟开始?

지 디엔 종 카이 스?

**공연 보기**

❶ 무슨 작품이 상연중입니까?

现在上演的是什么节目?

시엔 짜이 샹 이엔 더 스 션 머 지에 무?

❷ 어디서 예매를 하면 될까요?

在哪可以看看介绍呢?

짜이 나 커 이 칸 칸 지에 샤오 너?

❸ 상연 시간은 얼마나 됩니까?

演出时间大约多久?

이엔 추 스 지엔 따 위에 뚜어 지우?

❹ 공연은 몇 시에 시작합니까?

公演在几点开始?

꽁 이엔 짜이 지 디엔 카이 스?

❺ 누가 출연합니까?

都有谁出演?

떠우 여우 쉐이 추 이엔?

❻ 좌석 배치표를 볼 수 있을까요?

加座也可以看吗?

쟈 쭈어 예 커 이 칸 마?

**❼** 내일 저녁 티켓 두 장을 사려고 합니다.

请给我两张明天晚上的票。

칭 게이 워 리앙 장 밍 티엔 완 샹 더 피아오.

**❽** 발코니 3좌석을 사고 싶습니다.

想买前三排的座号。

시앙 마이 치엔 싼 파이 더 쭈어 하오.

**❾** 7열의 두 자리를 사고 싶습니다.

想买两张七排的座号。

시앙 마이 리앙 장 치 파이 더 쭈어 하오.

**❿** 내일 저녁 「상해악단」 공연 티킷을 사려고 합니다.

想买明天晚上「上海乐团」公演的门票。

시앙 마이 밍 티엔 완 샹 「샹하이 러 퇀」 꽁 이엔 더 먼 피아오

**⓫** 카드로 지불하겠습니다.

想用卡结帐。

시앙 용 카 지에 쨩.

**⓬** 출입구가 어디 있습니까?

出入口在哪呢？

추 루 커우 짜이 나 너?

chapter **07**

# 길 묻기

# 길 묻기

❶ 왕부정 빌딩으로 가는 길을 가르쳐 주시겠어요?
请问去王府井大街怎么走?
칭 원 취 왕 푸 징 따 지에 전 머 저우?

❷ 인민대회당은 어디 있습니까?
人民大会堂在哪个地方?
런 민 따 훼이 탕 짜이 나 거 띠 팡?

❸ 이 주소로 가고 싶습니다.
想去这个地址。
시앙 취 쪄 거 띠 즈.

❹ 곧장 가십시오.
请一直往前走。
칭 이 즈 왕 치엔 저우.

❺ 두 번째 길에서 왼쪽으로 가십시오.
走两条马路往左走。
저우 리앙 티아오 마 루 왕 쭈어 저우.

❻ 저 교차로에서 오른쪽으로 도십시오.

在那个报亭往右转。

짜이 나 거 빠오 팅 왕 여우 주완.

❼ 이 길로 3㎞ 정도 가십시오.

顺着这条路走三公里。

슌 저 쪄 티아오 루 저우 싼 꽁리.

❽ 이 길을 따라가다가 세 번째 블록에서 좌회전하세요.

顺着这条路走，到第三个路口左走。

슌 저 쪄 티아오 루 저우, 따오 띠 싼 거 루 커우 쭈어 저우.

❾ 지도로 가르쳐 주세요.

请在地图上指明。

칭 짜이 띠 투 샹 즈 밍.

❿ 지도에다 그려 주시겠습니까?

能在地图上画出标志吗？

넝 짜이 띠 투 샹 화 추 비아오 즈 마?

⓫ 찾기 쉬운가요?

好找吗？

하오 짜오 마?

⓬ 미안합니다만, 시청이 어디에 있습니까?

不好意思，请问市政府在哪里？

뿌 하오 이 스, 칭 원 스 정 푸 짜이 나 리?

⓭ 엉뚱한 곳으로 가고 계시군요.

您走到别的地方了，走错了。

닌 저우 따오 비에 더 띠 팡 러, 저우 추어 러.

⓮ 여기를 어떻게 갑니까?

去这里怎么走？

취 쩌 리 전 머 저우?

⓯ 가지고 계신 주소를 보여 주세요.

请看下你拿着的地址。

칭 칸 시아 니 나 저 더 띠 즈.

⓰ 거기까지 걸어서 갈 수 있나요?

能走去那里吗？

넝 저우 취 나 리 마?

⓱ 걷기에는 너무 멀어요.

那个地方太远了。

나 거 띠 팡 타이 위엔 러.

⓲ 여기서 아주 먼가요?

离这里还很远吗？

리 쩌 리 하이 헌 위엔 마?

⓳ 오래 걸리지 않을 거예요. 5분 정도면 됩니다.

用不了多长时间. 5分钟就可以。

용 뿌 러 뚜어 창 스 지엔. 우 펀 종 쩌우 커 이.

㉠ 여기서 그리 멀지 않아요.
离这里不是很远的。
리 쪄 리 부스 헌 위엔 더.

㉑ 다음 신문 가판점을 지나면, 왼편에 보일 거예요.
路过下一个报亭，往左边看就能看到了。
루 구어 시아 이 거 빠오 팅, 왕 쭈어 삐엔 칸 쪄우 넝 칸 따오 러.

㉒ 그곳에 가는 가장 좋은 방법은 무엇입니까?
去那里的最好方法是什么呢？
취 나 리 더 쮀이 하오 팡 파스 션 머 너?

㉓ 잘 모르겠는데요. 도와드리지 못해 죄송합니다.
我不太清楚。不能帮你，对不起。
워 부 타이 칭 추. 뿌 넝 빵 니, 뚜에이 부 치.

㉔ 저도 잘 모릅니다.
我也不清楚。
워 에 부 칭 추.

㉕ 어쨌든 고맙습니다.
尽管这样我还是很感谢您。
진 관 쪄 양 워 하이 스 헌 간 시에 닌.

**❶ 화장실이 어디에 있습니까?**

洗手间在哪里?

시 셔우 지엔 짜이 나 리?

**❷ 저기요, 좀 여쭤볼게요, 이 부근에 화장실 있나요?**

同志, 我问一下, 附近有厕所吗?

퉁즈, 워 원 이 시아, 푸 진 여우 처 수어 마?

**❸ 이 근처에 화장실이 있습니까?**

这附近有洗手间吗?

쩌 푸 진 여우 시 셔우 지엔 마?

**❹ 1층에 있습니다. 코너에서 오른쪽으로 도세요.**

有在一楼。从大门口往右转。

여우 짜이 이 러우. 총 따 먼 커우 왕 여우 주완.

**❺ 공원 내에 유료 화장실은 있습니다.**

公园里有收费的卫生间。

꽁 위엔 리 여우 셔우 페이 더 웨이 성 지엔.

## unit 3 안내소 찾기

**❶** 안내소가 어디에 있습니까?

介绍所在哪里呢？

지에 샤오 수어 짜이 나 리 너?

**❷** 미안합니다. 나도 이 지역을 잘 모릅니다.

不好意思。我也不太知道这条路。

뿌 하오 이 스. 워 예 부 타이 쯔 다오 쪄 티아오 루.

**❸** 관광 안내소는 저쪽입니다.

观光介绍所在那边。

꽌 광 지에 사오 수어 짜이 나 삐엔.

**❹** 이 길로 곧장 내려가다가 다음 블럭에서 오른쪽으로 가면 됩니다.

顺着这条路直走，到下个路口往右走。

슌 저 쪄 티아오 루 즈저우, 따오 시아 거 루 커우 왕 여우 저우.

**❺** 이 길을 3백 미터 정도 가세요.

沿着这条路再走三百米。

얜 저 쪄 티아오 루 짜이 저우 싼 바이 미.

**❻** 저기 파출소에 가서 물어보세요.

你到那个派出所去问问吧。

니 따오 나 거 파이 추 수어 취 원 원 바.

❶ 길을 잃은 것 같습니다. 제가 어디에 있는 거죠?

我好象迷路了。不知道在哪里?

워 하오 샹 미 루 러. 뿌 쯔 다오 짜이 나 리?

❷ 미안합니다만, 길을 잃었습니다. 좀 도와 주시겠습니까?

不好意思, 我迷路了。能帮忙吗?

뿌 하오 이 스, 워 미 루 러. 넝 빵 망 마?

❸ 예, 어디로 가시려고 합니까?

可以的。您想去哪里呢?

커 이 더. 닌 시앙 취 나 리 너?

❹ 잘 모르겠는데요. 도와드리지 못해 죄송합니다.

不太清楚, 不能帮助您很不好意思。

부 타이 칭 추. 뿌 넝 빵 쭈 닌 헌 뿌 하오 이 스.

❺ 다른 분께 물어보시죠.

请去问别人好吧。

칭 취 원 비에 런 하오 바.

❻ 나도 이곳은 초행입니다.

我也是第一次来这里。

워 예 스 띠 이 츠 라이 쩌 리.

❼ 건너편에 파출소가 있습니다. 거기서 도움을 받을 수 있습니다.

对面有派出所。去那里能得到帮助。

뚜에이 미엔 여우 파이 추 수어. 취 나 리 닝 더 따오 빵 쭈.

❽ 실례합니다. 경관님, 여기가 어디죠?

很抱歉。警察先生，这里是什么地方？

헌 빠오 치엔. 징 차 시엔 셩, 쪄 리 스 션 머 띠 팡?

❾ 길을 잃으신 것 같은데, 도와드릴까요?

您好象迷路了，我可以帮助您吗？

닌 하오 샹 미 루 러, 워 커 이 빵 쭈 닌 마?

❿ 어디에 가려는데요?

想去哪里呢？

시앙 취 나 리 너?

⓫ 이 지도에서 제가 어디에 있는 것입니까?

我在这地图上的哪个位置呢？

워 짜이 쪄 띠 투 샹 더 나 거 웨이 즈 너?

⓬ 이 거리의 이름은 무엇입니까?

这条街叫什么名字？

쪄 티아오 지에 지아오 션 머 밍 즈?

⓭ 알아 볼 만한 표시가 있습니까?

有能看出标志的东西吗？

여우 넝 칸 추 비아오 즈 더 똥 시 마?

⓮ 여기저기에 표지판이 있을 거예요.

这里那里都有标志牌的。

쩌 리 나 리 떠우 여우 비아오 즈 파이 더.

⓯ 도중의 표시물은 무엇입니까?

中途的路标上写的是什么？

쭝 투 더 루 비아오 상 시에 더 스 션 머?

⓰ 저 표지판은 무엇을 의미합니까?

那路标是什么意思？

나 루 비아오 스 션 머 이 스?

⓱ 큰 도움이 됐습니다.

帮了我一个很大的忙。

빵 러 워 이 거 헌 따 더 망.

# 교통 수단 이용하기

# chapter 08
# 교통 수단 이용하기

## unit 1  버스 노선 묻기

❶ 버스 노선 안내도 있습니까?
有巴士路线指南图吗?
여우 빠 스 루 시엔 즈 난 투 마?

❷ 어느 버스 노선이 7번가에 섭니까?
几号巴士在七号街停呢?
지 하오 빠 스 짜이 치 지에 커우 팅 너?

❸ 어느 노선이 천안문 광장으로 가는 것입니까?
几号车开往天安门广场?
지 하오 처 카이 왕 티엔 안 먼 광 창?

❹ 상하이행 버스가 어디서 출발합니까?
去上海的大巴在哪出发?
취 샹하이 더 따 빠 짜이 나 추 파?

❺ 어디서 순환 버스를 탈 수 있어요?
循环巴士在哪里坐呢?
쉰 환 빠 스 짜이 나 리 쭈어 너?

❻ 시청으로 가려면 몇 번 버스를 타야 합니까?

去市政府坐几路大巴呢?

취 슬 정 푸 쭈어 지 루 따 빠 너?

❼ 건너편에서 3번 버스를 타십시오.

坐对面的三路巴士。

쭈어 뚜에이 미엔 더 싼 루 빠 스.

❽ 이 버스가 시청까지 갑니까?

这个大巴是开往市政府方面的吗?

쩌 거 따 빠 스카이 왕 슬 정 푸 팡 미엔 더 마?

❾ 17번 버스는 얼마나 자주 옵니까?

17路巴士多长时间来一次?

스 치 루 빠 스 뚜어 창 스 지엔 라이 이 츠?

❿ 다음 버스는 몇 시입니까?

下班车是几点?

시아 반 처 스 지 디엔?

⓫ 어느 버스를 타면 됩니까?

要坐哪个公共汽车?

야오 쭈어 나 거 꽁 공 치 처?

⓬ 상하이행입니까?

去上海吗?

취 샹하이 마?

**버스 표 사기**

❶ 표는 어디서 삽니까?

请问在哪买票?

칭 원 짜이 나 마이 피아오?

❷ 건국문까지 가는 요금은 얼마예요?

到建国门下车要多少钱?

따오 지엔 구어 먼 시아 처 야오 뚜어 샤오 치엔?

❸ 어른은 80위엔입니다.

成人是八十元人民币。

청 런 스 빠스 위엔 런 민 삐.

❹ 북경행 어른 2장과 어린이 1장 주세요.

请给我去北京的成人票两张儿童票一张。

칭 게이 워 취 베이징 더 청 런 피아오 리앙 장 얼 퉁 피아오 이 장.

❺ 어른과 어린이 각 1장씩이요.

大人票和儿童票各一张。

따 런 피아오 헐 퉁 피아오 꺼 이 장.

❻ 버스 안에서 차표를 살 수 있습니까?

在巴士车上也可以买票吗?

짜이 빠스 처 상 예 커 이 마이 피아오 마?

## unit 3 버스 갈아타기

❶ 상하이에 가려면 어디서 갈아타야 합니까?

要去上海在哪里换车呢？

야오 취 상하이 짜이 나 리 환 처 너?

❷ 어디에서 갈아타야 합니까?

在哪换乘呢？

짜이 나 환 청 너?

❸ 갈아타는 데가 어디입니까?

换车的站名是什么？

환 처 더 짠 밍 스 션 머?

❹ 천단으로 가려면 어디서 내려야 합니까?

去天坛在哪下车？

취 티엔 탄 짜이 나 시아 처?

❺ 버스를 어디에서 갈아타야 하는지 알려 주세요.

请告诉我在哪个地方换乘巴士。

칭 까오 쑤 워 짜이 나 거 띠 팡 환 청 빠 스.

❶ 그곳에 도착하면 가르쳐 주세요.

到那个站时请告诉我。

따오 나 거 짠 스 칭 까오 쑤 워.

❷ 8번가에 도착할 때 저에게 알려 주세요.

到八路终点时请告诉我。

따오 빠 루 중 디엔 스 칭 까오 쑤 워.

❸ 북경에 몇 시에 도착합니까?

几点到北京站?

지 디엔 따오 베이징 짠?

❹ 언제 내려야 할지 가르쳐 주세요.

什么时间下车请告诉我。

션 머 스 지엔 시아 처 칭 까오 쑤 워.

❺ 거기까지는 몇 정류장을 더 가야 하죠?

去那个街还要坐几站?

취 나 거 지에 하이 야오 쭈어 지 짠?

❻ 여기부터 몇 정류장을 더 가야 되죠?

从现在算还要坐几站呢?

총 시엔 짜이 쑤안 하이 야오 쭈어 지 짠 너?

❼ 두 정거장 다음에 내려야 합니다.

再过二站下车就可以。

짜이 구어 얼 짠 시아 처 쪄우 커 이.

❽ 나는 다음 역에서 내립니다.

我要在下一站下车。

워 야오 짜이 시아 이 짠 시아 처.

❾ 여기서 내려주세요.

请在这里停下要下车。

칭 짜이 쩌 리 팅 시아 야오 시아 처.

❿ 다음 정류장은 어디입니까?

请问下一站是那里？

칭 원 시아 이 짠 스 나 리?

⓫ 이 버스는 왕부경을 갑니까?

坐这个巴士能去王府井吗？

쭈어 쩌 거 빠 스 넝 취 왕 푸 징 마?

⓬ 왕부경은 세 번째 정류장입니까?

去王府井坐三站就可以吗？

취 왕 푸 징 쭈어 싼 짠 쪄우 커 이 마?

⓭ 예. 세 번째 정류장에서 내리세요.

是的，请在第三站下车。

스 더, 칭 짜이 띠 싼 짠 시아 처.

❶ 택시 타는 곳은 어디입니까?

请问在那里坐出租车?

칭 원 짜이 나 리 쭈어 추 주 처?

❷ 저쪽으로 가면 택시 승강장이 있습니다.

往那边去有出租车停车场。

왕 나 삐엔 취 여우 추 주 처 팅 처 창.

❸ 이거 빈 택시입니까?

这是空车吗?

쩌 스 콩 처 마?

❹ 택시를 불러 주세요.

请给叫一辆出租车。

칭 게이 지아오 이 량 추 주 처.

❺ 제 짐을 트렁크에 넣어 주시겠어요?

能把我的行李拿到后备箱里吗?

넝 빠 워 더 씽 리 나 따오 허우 뻬이 샹 리 마?

❻ 어디로 모실까요?

请问去哪里?

칭 원 취 나 리?

**❼** 이 주소로 가 주세요.

请按这个地址走。

칭 안 쩌 거 띠 즈 저우.

**❽** 북경반점까지 가 주세요.

请给送到北京饭店楼前。

칭 게이 쑹 따오 베이 징 판 띠엔 러우 치엔.

**❾** 역까지 가 주세요.

请送到车站。

칭 쑹 따오 처 짠.

**❿** 바쁜데 좀 빨리 가 주시겠어요?

车速快点好吗?

처 수 콰이 디엔 하오 마?

**⓫** 좀 천천히 가 주시겠어요?

稍微慢点可以吗?

샤오 웨이 만 디엔 커 이 마?

**⓬** 얼마나 걸리나요?

大约要多长时间?

따 위에 야오 뚜어 창 스 지엔?

**⓭** (손을 들면서) 택시!

出租车!

추 주 처!

❶ 북경반점까지는 대략 얼마입니까?

到北京饭店大门口大约要多少钱?

따오 베이징 판띠엔 따 먼 커우 따 위에 야오 뚜어 샤오 치엔?

❷ 천안문까지 요금이 얼마나 될까요?

到天安门大约要多少钱?

따오 티엔 안 먼 따 위에 야오 뚜어 샤오 치엔?

❸ 요금이 얼마나 될까요?

车费是多少呢?

처 페이 스 뚜어 샤오 너?

❹ 거리에 비해서 요금이 너무 많군요.

按路程算车费也太多了。

안 루청 쑤안 처 페이 예 타이 뚜어 러.

❺ 공항까지는 요금이 얼마나 나올까요?

到机场能有多少钱呢?

따오 지 창 넝 여우 뚜어 샤오 치엔 너?

❻ 거기까지 300위엔 미만으로 갈 수 있습니까?

到那里, 人民币三百元能去吗?

따오 나 리 런 민 삐 싼 바이 위엔 넝 취 마?

❶ 차를 어디에 댈까요?

哪里可以停车?

나 리 커 이 팅 처?

❷ 저 모퉁이에 내려주세요.

前面那个胡同停下吧。

치엔 미엔 나 거 후 퉁 팅 시아 바.

❸ 똑바로 가 주세요.

请直行。

칭 즐 씽.

❹ 다음 모퉁이에서 왼쪽으로 돌아 주세요.

请在下个胡同往左转。

칭 짜이 시아 거 후 퉁 왕 쭈어 주완.

❺ 저 건물 앞에서 세워 주십시오.

请在那个楼前停下。

칭 짜이 나 거 러우 치엔 팅 시아.

❻ 여기서 내려주세요.

请在这里停车。

칭 짜이 쩌 리 팅 처.

**택시 요금 지불하기**

❶ 요금은 얼마입니까?

请问多少钱?

칭 원 뚜어 샤오 치엔?

❷ 미터기에 따라 요금을 내시면 됩니다.

按计价器给就行。

안 찌 지아 치 게이 쪄우 싱.

❸ 거스름돈은 넣어 두세요.

零钱不用找了。

링 치엔 부 용 짜오 러.

❹ 요금이 너무 많이 나왔네요.

怎么会出来这么多车费。

전 머 훼이 추 라이 쩌 머 뚜어 처 페이.

❺ 여기서 잠시 기다려 주십시오.

请在这里稍等一会儿。

칭 짜이 쩌 리 샤오 떵 이 후얼.

❻ 요금이 미터와 다릅니다.

车费怎么和记价器不一样呢?

처 페이 전 머 허 찌 지아 치 뿌 이 양 너?

## unit 9 　지하철 표 사기

❶ 지하철 표는 어디에서 삽니까?
在哪买坐地铁的车票？
짜이 나 마이 쭈어 띠 티에 더 처 피아오?

❷ 하루 여행권을 주십시오.
请给一张一天的乘车票。
칭 게이 이 장 이 티엔 더 청 처 피아오.

❸ 고궁 한 장이요.
请给一张去故宫的票。
칭 게이 이 장 취 꾸 꽁 더 피아오.

❹ 건국문 2장이요.
给两张到建国门的。
게이 리앙 장 따오 지엔 구어 먼 더.

❺ 지하철 노선표 좀 주시겠습니까?
请给我地铁路线图？
칭 게이 워 띠 티에 루 시엔 투?

❻ 자동 매표기는 어디에 있습니까?
自动售票机在哪里？
즈 똥 서우 피아오 지 짜이 나 리?

❶ 이화원에 가려면 어느 역에서 내려야 합니까?

去颐和园在哪个站下车?

취 이 허 위엔 짜이 나 거 짠 시아 처?

❷ 어느 선이 시청으로 가죠?

哪个线路是去市政府的?

나 거 시엔 루 스 취 스 정 푸 더?

❸ 지하철 역은 어디에 있습니까?

请问地铁站在那里?

칭 원 띠 티에 짠 짜이 나 리?

❹ 만리장성에 가려면 어느 선을 타야 합니까?

去长城坐几路车?

취 창 청 쭈어 지 루 처?

❺ 어느 역에서 갈아타야 합니까?

在哪里换车?

짜이 나 리 환 처?

❻ 다음 역은 어디입니까?

下一站是哪里?

시아 이 짠 스 나 리?

## unit 11   기차 표 사기

❶ 매표소는 어디 있습니까?

售票处在哪里?

서우 피아오 추 짜이 나 리?

❷ 이 표를 일등석으로 바꾸고 싶습니다.

想把这张票换成一等座。

시앙 빠 쩌 장 피아오 환 청 이 떵 쭈어.

❸ 몇 번 트랙에서 출발합니까?

在几号站发车?

짜이 지 하오 짠 파 처?

❹ 기차표를 취소할 수 있습니까?

可以退票吗?

커 이 퉤이 피아오 마?

❺ 소비자 사무실이 어디입니까?

消费者问事处在哪里?

시아오 페이 저 원 슬 추 짜이 나 리?

**기차 표 예약**

❶ 예약 창구는 어디입니까?

预售票窗口在哪里?

위 서우 피아오 촹 커우 짜이 나 리?

❷ 이 열차의 자리를 예약하고 싶습니다.

想预订这班车的座票。

시앙 위 띵 쩌 반 처 더 쭈어 피아오.

❸ 이 열차의 예약 창구는 어디에 있습니까?

这列车的预售票窗口在哪里?

쩌 리에 처 더 위 서우 피아오 촹 커우 짜이 나 리?

❹ 그 열차는 얼마나 자주 운행합니까?

那班车多长时间发一次。

나 반 처 뚜어 창 스 지엔 파 이 츠?

❺ 침대 차는 있습니까?

有卧铺车吗?

여우 워 푸 처 마?

❻ 막차 출발 시간은 몇시입니까?

末班车几点发车?

모 반 처 지 디엔 파 처?

**❼** 돌아오는 기차는 몇 시에 있습니까?

回程的列车都有几点的？

훼이 청 더 리에 처 떠우 여우 지 디엔 더？

**❽** 이 자동 판매기는 어떻게 작동하죠?

这台自动售票机怎么使用呢？

쩌 타이 즈 똥 서우 피아오 지 전 머 슬 용 너？

**❾** 편도는 얼마입니까?

单程票是多少钱？

딴 청 피아오 스 뚜어 샤오 치엔？

**❿** 왕복권은 얼마입니까?

往返票多少钱？

왕 판 피아오 뚜어 샤오 치엔？

**⓫** 내일 오전 북경행 자리 하나를 예약하고 싶습니다.
내일 오전 9시 차의 자리 있습니까?

想预订明天上午去北京的坐票。
有明天上午九点的吗？

시앙 위 띵 밍 티엔 샹 우 취 베이징 더 쭈어 피아오.
여우 밍 티엔 샹 우 지우 디엔 더 마？

**⓬** 고속 열차 있습니까?

有特快吗？

여우 터 콰이 마？

❸ 상하이까지 고속 열차 요금은 얼마입니까?

到上海的快车票价是多少？

띠오 샹하이 더 콰이 처 피아오 지아 스 뚜어 샤오?

❹ 고급 좌석과 보통 좌석의 가격 차이는 얼마인가요?

软席票价和普通座票价差多少钱呢？

롼시 피아오 지아허 푸통 쭈어 피아오 지아 차이 뚜어 샤오 치엔 너?

❺ 일등석 있습니까?

有头等座吗？

여우 터우 떵 쭈어 마?

❻ 천진행 탈 수 있습니까?

去天津坐这班车可以吗？

취 티엔 진 쭈어 쩌 반 처 커 이 마?

❼ 예약하지 않아도 열차를 탈 수 있습니까?

没有预约票也可以上车吗？

메이 여우 위 위에 피아오 예 커 이 샹 처 마?

## unit 13 기차 타기

❶ 상하이로 가는 플랫폼 맞습니까?
这是去上海方向的站台吗?
쩌 스 취 샹하이 팡 샹 더 짠 타이 마?

❷ 이 열차가 난징행 맞습니까?
这列火车是开往南京的吗?
쩌 리에 후어 처 스 카이 왕 난징 더 마?

❸ 이 기차는 난징에 섭니까?
这班火车在南京也停吗?
쩌 반 후어 처 짜이 난징 예 팅 마?

❹ 지금 어디를 지나고 있습니까?
现在经过的是什么站?
시엔 짜이 징 구어 더 스 션 머 짠?

❺ 다음 정거장은 어디입니까?
下一站是什么站?
시아 이 짠 스 션 머 짠?

❻ 난징에 가려면 어디에서 갈아타야 합니까?
去南京要在哪换车?
취 난징 야오 짜이 나 환 처?

**❼** 자리 있습니까?

有座位吗?

여우 쭈어 웨이 마?

**❽** 창을 열어도 좋습니까?

打开车窗好吗?

따 카이 처 촹 하오 마?

**❾** 담배를 피워도 좋습니까?

可以吸烟吗?

커 이 시 얜 마?

**❿** 차장이 어디 있는지 아십니까?

知道列车长在哪里吗?

쯔 다오 리에 처 창 짜이 나 리 마?

**⓫** 이 기차에 식당 칸이 있습니까?

这列车有餐车吗?

쩌 리에 처 여우 찬 처 마?

**⓬** 차표 좀 보실까요?

请看下您的车票好吗?

칭 칸 시아 닌 더 처 피아오 하오 마?

**⓭** 날짜와 스탬프를 찍어 주십시오.

请给注明日期和车次。

칭 게이 쭈 밍 르 치 허 처 츠.

**배 편**

❶ 장강 무한항까지 가는 배는 어디서 탑니까?

开往长江武汉港口的船在哪登船？

카이 왕 창 쟝 우 한 강 커우 더 추안 짜이 나 떵 추안?

❷ 승선 시간이 몇 시입니까?

离港时间是几点？

리 강 스 지엔 스 지 디엔?

❸ 언제 출발합니까?

什么时间出发？

션 머 스 지엔 추 파?

❹ 배멀미가 몹시 심합니다.

我晕船很历害。

워 윈 추안 헌 리 하이.

❺ 어디에서 승선합니까?

在哪儿乘船？

짜이 날 청 추안?

❻ 다음 기항지는 어디입니까?

下个停泊码头是哪里？

시아 거 팅 보 마 터우 스 나 리?

❶ 렌터카는 어디에서 빌립니까?

租车的地方在哪里?

주 처 더 띠 팡 짜이 나 리?

❷ 렌터카를 빌리고 싶습니다.

我想租用一辆车。

워 시앙 주 용 이 량 처.

❸ 어떤 종류의 차를 구비하고 있습니까?

都有几种车出租?

떠우 여우 지 쫑 처 추 주?

❹ 메뉴를 보고 싶습니다.

想看下目录或介绍单。

시앙 칸 시아 무 루 훠 지에 사오 딴.

❺ 이 차종을 7일간 빌리고 싶습니다.

这种款式的车想租用一个星期。

쪄 쫑 콴 슬 더 처 시앙 주 용 이 거 씽 치.

❻ 요금표를 보여 주십시오.

请给看下出租价格单。

칭 게이 칸 시아 추 주 지아 거 딴.

**❼** 선금입니까?

　収押金吗？

　셔우 야 찐 마?

**❽** 마지막 날 지불하는 겁니까?

　最后一天交钱可以吗？

　쮀이 허우 이 티엔 지아오 치엔 커 이 마?

**❾** 이 양식에 기입해 주십시오.

　请填写好这张表格。

　칭 티엔 시에 하오 쩌 장 뱌오 거.

**❿** 보험에 들었습니까?

　包含保险吗？

　빠오 한 바오 시엔 마?

**⓫** 보험의 모든 사항에 들려면 얼마나 듭니까?

　所有的保险加在一起是多少钱？

　수어 여우 더 바오 시엔 쟈 짜이 이 치 스 뚜어 샤오 치엔?

**⓬** 사고가 났을 경우 연락처를 가르쳐 주십시오.

　万一出事故时请帮忙叫应急车。

　완 이 추 스 꾸 슬 칭 빵 망 지아오 잉 지 처.

**⓭** 고장나거나 사고가 났을 경우 어떻게 해야 합니까?

　出车祸和车出故障时应该怎么办？

　추 처 훠 허 처 추 꾸 장 스 잉 까이 전 머 빤?

**⓮** 시범 운전을 해봐도 됩니까?

请告诉我怎样联络应急车？

칭 까오 쑤 워 전 양 리엔 뤄 잉 지 처?

**⓯** 소형차의 대여비는 시간에 상관없이 하루에 200위엔입니다.

轿车交钱时间无所谓
一天二百元人民币。

쟈오 처 지아오 치엔 스 지엔 우 수어 웨이
이 티엔 얼 바이 위엔 런 민 삐.

**⓰** 공원 근처에 차를 놔 두어도 됩니까?

把车停在公园附近也可以吗？

빠 처 팅 짜이 꽁 위엔 푸 진 예 커 이 마?

**⓱** 당신네 지점 어디에나 돌려 놓아도 됩니까?

在租车场附近可以停车吗？

짜이 주 처 창 푸 진 커 이 팅 처 마?

**⓲** 이 차를 되돌려드리려 합니다.

要退还这部车。

야오 퉤이 하이 쪄 부 처.

**⓳** 네. 계약서를 볼 수 있습니까?

好的。请出示租车单？

하오 더. 칭 추 스 주 처 딴?

❶ 가장 가까운 주유소는 어디입니까?

最近的加油站在哪里?

쮀이 진 더 쟈 여우 짠 짜이 나 리?

❷ 이 거리를 따라 조금만 더 가면 됩니다.

顺着这条路在向前走一点。

슌 저 쩌 티아오 루 짜이 샹 치엔 저우 이 디엔.

❸ 1리터 얼마입니까?

一公升多少钱?

이 꽁 성 뚜어 샤오 치엔?

❹ 10리터 주세요.

请给加十公升。

칭 게이 지아 스 꽁성.

❺ 100위엔어치 주십시오.

加一百元的。

지아 이 바이 위엔 더.

❻ 보통으로 가득 채워 주십시오.

请给加满油, 要普通的。

칭 게이 지아 만 여우, 야오 푸 통 더.

❶ 시동이 걸리지 않습니다.

车启动不了。

처 치 똥 뿌 러.

❷ 차가 고장났습니다. 점검해 주십시오.

车出故障了。请给检查一下。

처 추 꾸 장 러. 칭 게이 지엔 차 이 시아.

❸ 수리하는 데 비용이 얼마나 듭니까?

修车的费用是多少呢？

셔우 처 더 페이 용 스 뚜어 샤오 너?

❹ 수리하는 데 얼마나 걸립니까?

需要多长时间能修好？

쉬 야오 뚜어 창 스 지엔 넝 셔우 하오?

❺ 펑크가 났습니다. 수리해 주세요.

轮胎抛锚了。请修一下。

문 타이 파오 마오 러. 칭 셔우 이 시아.

❻ 약간만 수리하면 되겠어요.

简单的修一下就会好的。

지엔 딴 더 셔우 이 시아 쩌우 훼이 하오 더.

❼ 오늘 5시까지는 차를 수리해 주세요.

请在今天晚上五点之前把车修好。

칭 짜이 진 티엔 완 샹 우 디엔 즈 치엔 빠 처 셔우 하오.

❽ 제 차 수리가 다 됐는지 알고 싶군요.

我想知道我的车修好了吗？

워 시앙 쯔 다오 워 더 처 셔우 하오 러 마?

❾ 좀 먼 것 같군요.

还需要点时间。

하이 쉬 야오 디엔 스 지엔.

❿ 배터리 좀 점검해 주시겠어요?

请查看一下电池。

칭 차 칸 이 시아 띠엔 츠.

⓫ 어째서 아직까지 수리를 하지 않았습니까?

为什么到现在还不修呢？

웨이 션 머 따오 시엔 짜이 하이 뿌 셔우 너?

⓬ 브레이크 좀 봐 주십시오.

请给看下油门。

칭 게이 칸 시아 여우 먼.

⓭ 클러치를 봐 주십시오.

请给看一下离合器。

칭 게이 칸 이 시아 리 허 치.

❹ 그것은 어떻게 작동되나요?

这个怎样能变成自动的呢?

쩌 거 전 양 넝 비엔 청 즈 똥 더 너?

⓯ 차 사고가 났습니다.

车出事故了。

처 추 슬 꾸 러.

⓰ 차가 고장입니다. 견인하러 와 주세요.

车有毛病。请帮我检查一下。

처 여우 마오 삥 칭 빵 워 지엔 차 이 시아.

⓱ 차안에 열쇠를 두고 문을 닫아 버렸어요.

车门关上了, 钥匙丢在车里了。

처 먼 꽌 샹 러, 야오 슬 띠우 짜이 처 리 러.

⓲ 세차해 주세요.

请给换一部新车吧。

칭 게이 환 이 부 신 처 바.

chapter **09**

## 쇼핑하기

# chapter 09

## 쇼핑하기

### unit 1 상점가 묻기

❶ 이 도시의 상점가는 어디입니까?
这个城市的商业中心在哪?
쩌 거 청 슬 더 샹 예 쭝신 짜이 나?

❷ 백화점은 어디 있습니까?
百货商店在哪?
바이 후어 샹 띠엔 짜이 나?

❸ 어디가 상가 지역입니까?
哪里是商业街?
나 리 스 샹 예 지에?

❹ 이 근처에 편의점이 있습니까?
这附近有便利店吗?
쩌 푸 진 여우 피엔 리 띠엔 마?

❺ 기념품은 어디에서 살 수 있습니까?
哪儿可以买纪念品?
날 커 이 마이 찌 니엔 핀?

**❻** 액세서리 파는 곳은 어디입니까?

化妆品在那里卖?

후아 좡 핀 짜이 나 리 마이?

**❼** 여성용품 매장은 어디예요?

女人用品商店在哪里?

뉘 런 용 핀 상 띠엔 짜이 나 리?

**❽** 3층에 있습니다.

在三楼。

짜이 싼 러우.

**❾** 면세품 상점이 있습니까?

有免税商店吗?

여우 미엔 쉐이 상 띠엔 마?

**❿** 그건 어디에서 살 수 있습니까?

在哪里能买到?

짜이 나 리 넝 마이 따오?

**⓫** 벼룩시장은 어디에 있습니까?

跳蚤市场在哪儿?

티아오 자오 스 창 짜이 날?

**⓬** 야시장은 몇 시에 열립니까?

夜市机点开?

예 스 지 디엔 카이?

❶ 무엇을 찾으십니까?(어서 오세요.)
请问想买点什么呢?
칭 원 시앙 마이 디엔 션 머 너?

❷ 괜찮습니다. 그냥 좀 구경하겠습니다.
没关系我随便看看。
메이 꽌 시 워 쒜이 피엔 칸 칸.

❸ 특별히 찾고 계신 물건이 있습니까?
有特别想找的东西吗?
여우 터 비에 시앙 짜오 더 똥 시 마?

❹ 어떤 것을 찾고 계십니까?
您在找什么东西呢?
닌 짜이 짜오 션 머 똥 시 너?

❺ 좀더 구경하고 싶습니다.
想再看看。
시앙 짜이 칸 칸.

❻ 그렇게 하세요. 천천히 보세요.
好的。请您慢慢看吧。
하오 더. 칭 닌 만 만 칸 바.

**❼ 뭘 보여드릴까요?**

给您看哪种呢？

게이 닌 칸 나 쫑 너?

**❽ 무엇을 찾고 계십니까?**

在找什么呢？

짜이 짜오 션 머 너?

**❾ 마음에 드는 것으로 골라 보세요.**

请选下您满意的东西吧。

칭 쉔 시아 닌 만 이 더 똥 시 바.

**❿ 천천히 보시고, 도움이 필요하시면 저를 부르세요.**

请您慢慢选，需要我帮忙时请叫我。

칭 닌 만 만 쉔, 쉬 야오 워 빵 망 스 칭 지아오 워.

**⓫ 또 오세요!**

请您再来！

칭 닌 짜이 라이

❶ 저 좀 도와주시겠어요?

能帮帮忙吗?

넝 빵 방 망 마?

❷ 무엇을 도와드릴까요?

需要帮忙吗?

쉬 야오 빵 망 마?

❸ 잘 모르겠어요. 저를 도와주셔야 할 것 같아요.

我不太懂。好象需要您帮忙。

워 부 타이 둥. 하오 샹 쉬 야오 닌 빵 망.

❹ 기꺼이 도와드리죠.

我愿意全心全意的帮您。

워 위엔 이 취엔 신 췐 이 더 빵 닌.

❺ 친구에게 줄 선물을 찾고 있습니다.

我在给朋友选礼物。

워 짜이 게이 펑 여우 쉔 리 우.

❻ 기념품으로 살 만한 것을 추천해 주시겠어요?

想买纪念品请帮推荐一下?

시앙 마이 지 니엔 핀 칭 빵 튀이 찌엔 이 시아?

**❼** 이건 어떻습니까?

这个怎样呢?

쩌 거 전 양 너?

**❽** 저것을 보여주겠어요?

看看那个好吗?

칸 칸 나 거 하오 마?

**❾** 윈도우에 있는 것을 보여주십시오.

看看柜台上面那个。

칸 칸 꿰이 타이 샹 미엔 나 거.

**❿** 가정용품 있습니까?

有家庭用品吗?

여우 지아 팅 용 핀 마?

**⓫** 넥타이를 좀 보고 싶습니다.

想看看领带。

시앙 칸 칸 링 따이.

**⓬** 이 지방의 특산품은 무엇입니까?

这地方的特产品是什么?

쩌 띠 팡 더 터 찬 핀 스 션 머?

**⓭** 중국 특유의 진기한 선물을 원합니다.

想买中国最有纪念意义的礼物。

시앙 마이 쭝 구어 쮀이 여우 찌 니엔 이 이 더 리 우.

**⓮ 13살짜리 소녀에게 알맞을 선물은 어떤 것입니까?**

适合13岁孩子的礼物都有那些呢?

슬 허 스 싼 쉐이 하이 즈 더 리 우 떠우 여우 나 시에 너?

**⓯ 이거 잠깐 봐도 될까요?**

我看看这个可以吗?

워 칸 칸 쩌 거 커 이 마?

**⓰ 제 아들에게 줄 선물을 찾습니다.**

在给我的儿子选礼物。

짜이 게이 워 덜 즈 쉔 리 우.

**⓱ 어떤 상품을 권하시겠습니까?**

推荐什么商品呢?

퉤이 찌엔 션 머 상 핀 너?

**⓲ 어느 쪽을 권하겠습니까?**

推荐哪类呢?

퉤이 찌엔 나 레이 너?

**⓳ 물건은 정하셨습니까?**

选好了吗?

쉔 하오 러 마?

**⓴ 지금 결정하지 못하겠습니다.**

还不能确定。

하이 뿌 넝 취에 띵.

㉑ 죄송하지만, 제가 원하는 것을 찾을 수 없군요.
不好意思, 我想买的东西找不到。
뿌 하오 이 스, 워 시앙 마이 더 똥 시 짜오 부 따오.

㉒ 죄송하지만, 좀더 둘러봐야겠습니다.
不好意思, 要再看看。
뿌 하오 이 스, 야오 짜이 칸 칸.

㉓ 글쎄요, 생각해 보고 다시 오겠습니다.
就是呀, 我想想再来。
쪄우 스 야, 워 시앙 시앙 짜이 라이.

㉔ 이 상품은 세일합니까?
这些商品打不打折?
쪄 시에 상 핀 따 뿌 따 저?

㉕ 만져봐도 됩니까?
摸摸看可以吗?
모 모 칸 커 이 마?

❶ 다른 색을 볼 수 있습니까?

能看看别的颜色吗?

넝 칸 칸 비에 더 앤 스어 마?

❷ 다른 색상은 없습니까?

还有其它颜色吗?

하이 여우 치 타 앤 스어 마?

❸ 다른 모양의 가방을 볼 수 있습니까?

能看下其它样子的包吗?

넝 칸 시아 치 타 양즈 더 빠오 마?

❹ 다른 것으로 보여주시겠어요?

能看另一个吗?

넝 칸 링 이 거 마?

❺ 더 큰 것은 없나요?

有再大一点的吗?

여우 짜이 따 이 디엔 더 마?

❻ 좀더 싼 것을 볼 수 있습니까?

能看下更便宜的吗?

넝 칸 시아 껑 피엔 이 더 마?

**❼** 다른 종류는 뭐가 있습니까?

其它种类有什么样式呢?

치 타 쭝 레이 여우 션 머 양 스 너?

**❽** 몇 가지 보여 주시겠습니까?

能给我看一下吗?

넝 게이 워 칸 이 시아 마?

**❾** 좀더 싼 것은 없습니까?

有更便宜的吗?

여우 껑 피엔 이 더 마?

**❿** 이건 어떠세요?

这个怎样呢?

쩌 거 전 양 녀?

**⓫** 이 스커트로 한 치수 작은 것 있어요?

这个裙子有小一号的吗?

쩌 거 췬 즈 여우 시아오 이 하오 더 마?

**⓬** 다른 스웨터도 보여 주시겠어요?

能看下别的毛衣吗?

넝 칸 시아 비에 더 마오 이 마?

**⓭** 품질이 더 좋은 것은 없나요?

有质量再好一点的吗?

여우 즈 량 짜이 하오 이 디엔 더 마?

❶ 입어 봐도 됩니까?

可以穿试试吗?

커 이 촨 스 스 마?

❷ 이것을 입어 보고 싶습니다.

想试试这件。

시앙 스 스 쩌 지엔.

❸ 옷 입어 보는 곳은 어디에 있습니까?

试衣间在哪里呢?

스 이 지엔 짜이 나 리 너?

❹ 좀 도와주시겠어요?

能帮帮忙吗?

넝 빵 방 망 마?

❺ 제 치수를 좀 재어 주시겠습니까?

能给量下我的尺寸吗?

넝 게이 량 시아 워 더 츠 춘 마?

❻ 이 구두 신어 봐도 됩니까?

这皮鞋可以穿上试试吗?

쩌 피 시에 커 이 촨 샹 스 스 마?

**❼** 잘 맞습니까?

正合脚吗？

쩡 허 지아오 마?

**❽** 잘 맞아요.

正合脚。

쩡 허 지아오.

**❾** 제게는 너무 크지요?

我穿太大了吧？

워 촨 타이 따 러 바?

**❿** 작아서 꽉 끼이네요.

太小了挤脚。

타이 시아오 러 지 지아오.

**⓫** 여기가 꽉 조입니다.

这个地方太紧了。

쩌 거 띠 팡 타이 진 러.

**⓬** 너무 큽니다.

太大了呀。

타이 따 러 야.

**⓭** 사용해 봐도 되나요? (시계, 향수 등)

使用一下可以吗？

슬 용 이 시아 커 이 마?

**가격 문의**

❶ 이것은 얼마입니까?

这个多少钱?

쩌 거 뚜어 샤오 치엔?

❷ 종이에 써 주시겠어요?

请写在纸上好吗?

칭 시에 짜이 즈 샹 하오 마?

❸ 세금을 포함한 가격입니까?

是含税的价格吗?

스 한 쉐이 더 지아 거 마?

❹ 세금까지 포함하여 얼마입니까?

含税多少钱?

한 쉐이 뚜어 샤오 치엔?

❺ 이것은 면세가 되어 있습니까?

这是免税后的价格吗?

쩌 스 미엔 쉐이 허우 더 지아 거 마?

❻ 표시된 가격대로 받습니까?

按照现在的标价收款吗?

안 짜오 시엔 짜이 더 비아오 지아 셔우 콴 마?

**가격 흥정**

❶ 너무 비쌉니다.

太贵了。

타이 꿰이 러.

❷ 가격을 좀 깎아 줄 수 있습니까?

可以打折吗?

커 이 따 저 마?

❸ 좀더 깎아 줄 수 없습니까?

能再降一点吗?

넝 짜이 쟝 이 디엔 마?

❹ 가격을 깎아 주신다면 사겠어요.

再降点价就能买了。

짜이 쟝 디엔 지아 쪄우 넝 마이 러.

❺ 많이 사면 값을 깎아 줍니까?

多买可以打折吗?

뚜어 마이 커 이 따 저 마?

❻ 제가 예상했던 것보다 비싸군요.

比我想象的贵多了。

비 워 시앙 샹 더 꿰이 뚜어 러.

**❼ 어느 정도 가격의 것을 원하십니까?**

什么价位您能接受呢?

션 머 지아 웨이 닌 넝 지에 서우 너?

**❽ 얼마를 생각하고 계세요?**

想象的价是多少呢?

시앙 샹 더 지아 스 뚜어 샤오 너?

**❾ 200위엔 정도의 가격을 생각하고 있습니다.**

二百元人民币能接受。

얼 바이 위엔 런 민 삐 넝 지에 서우

**❿ 깎지 마세요. 정찰제입니다.**

别再讲了。已经是调价的了。

비에 짜이 지앙 러. 이 징 스 탸오 지아 더 러.

**⓫ 세 개를 사면 깎아 줄 수 있어요?**

买三个给打折吗?

마이 싼 거 게이 따 저 마?

**⓬ 현금으로 지불하면 더 싸게 됩니까?**

付现金的话更便宜吗?

푸 시엔 찐 더 후아 껑 피엔 이 마?

**계산하기**

❶ 전부 얼마입니까?
一共多少钱?
이 공 뚜어 샤오 치엔?

❷ 얼마입니까?
多少钱?
뚜어 샤오 치엔?

❸ 중국돈으로 얼마죠?
人民币是多少钱?
런 민 삐 스 뚜어 샤오 치엔?

❹ 현금으로 지불하겠습니까?
아니면 크레디트 카드로 지불하겠습니까?
用现金结帐还是用卡结呢?
용 시엔 찐 지에 짱 하이 스 용 카 지에 너?

❺ 여행자 수표도 받습니까?
旅行支票可以吗?
뤼 씽 즈 피아오 커 이 마?

❻ 크레디트 카드를 받습니까?
信用卡也可以吗?
신 용 카 예 커 이 마?

❶ 영수증을 주시겠습니까?
   给收据吗?
   게이 셔우 쮜 마?

❷ 거스름 돈과 영수증을 받으세요.
   请拿好收据和零钱。
   칭 나 하오 셔우 쮜 허 링 치엔.

❸ 계산이 틀리지 않았습니까?
   帐单好象算的不对?
   짱 딴 하오 샹 쑤안 더 부 뚜에이?

❹ 계산을 다시 좀 해 주시겠습니까?
   请再算一遍好吗?
   칭 짜이 쑤안 이 비엔 하오 마?

❺ 거스름돈이 모자랍니다.
   找的零钱不对。
   짜오 더 링 치엔 부 뚜에이.

❻ 돈을 더 낸 것 같군요.
   好象多付款了。
   하오 샹 뚜어 푸 콴 러.

❶ 이것을 환불해 주세요.
请退货。
칭 퉤이 후어.

❷ 저희는 환불해 드릴 수 없습니다만,
다른 것으로 바꾸어 드릴 수 있습니다.
我这里不能退货，只能换货。
워 쩌 리 뿌 넝 퉤이 후어, 즈 넝 환 후어.

❸ 반품하고, 돈을.환불해 주세요.
退了货，请退钱。
퉤이 러 후어, 칭 퉤이 치엔.

❹ 이것은 환불이 가능한가요?
这个有退货的可能吗？
쩌 거 여우 퉤이 후어 더 커 넝 마?

❺ 이걸 환불해 주실 수 있겠습니까?
这个给退吗？
쩌 거 게이 퉤이 마?

❻ 이 물건 반품하고 싶어요.
这个商品我想要退货。
쩌 거 상 핀 워 시앙 야오 퉤이 후어.

❼ 환불해 드릴까요 아니면 새것으로 교환해 드릴까요?

给您退货呢还是换新的呢?

게이 닌 퉤이 후어 너 하이 스 환 신 더 너?

❽ 다른 것으로 바꿀 수 있습니까?

可以换别的吗?

커 이 환 비에 더 마?

❾ 어제 이 셔츠를 샀는데, 치수가 잘못 되었어요.

我昨天买的衬衫, 尺寸不合适

워 쭈어 티엔 마이 더 천 샨, 츠 춘 뿌 허 스.

❿ 좀더 작은 사이즈로 바꿔 주시겠어요?

可以换个小号的吗?

커 이 환 거 시아오 하오 더 마?

⓫ 여기 얼룩이 있습니다.

这里有污渍。

쩌 리 여우 우 즈.

⓬ 아직 사용하지 않았습니다.

还没有用过。

하이 메이 여우 용 구어.

⓭ 영수증을 가지고 오셨나요?

您带购物发票了吗?

닌 따이 꺼우 우 파 피아오 러 마?

## unit 11 | 포장 · 배달 · 수리 요청

❶ 선물용으로 포장해 주시겠습니까?

这个要送礼的，请给打下包装？

쩌 거 야오 쏭 리 더, 칭 게이 따 시아 빠오 주앙?

❷ 포장해 주세요.

请给打下包装。

칭 게이 따 시아 빠오 주앙.

❸ 따로따로 포장해 주시겠어요?

请分别包装。

칭 펀 비에 빠오 주앙.

❹ 전부 하나로 포장해 주시겠어요?

能全都合在一起打包装吗？

넝 취엔 떠우 허 짜이 이 치 따 빠오 주앙 마.

❺ 포장해서 우송해 주시겠어요?

打好包装给送货吗？

따 하오 빠오 주앙 게이 쏭 후어 마?

❻ 배달해 주시겠습니까?

送货也可以吗？

쏭 후어 예 커 이 마?

**❼** 제 호텔까지 배달해 줄 수 있습니까?

可以送到我住的宾馆吗?

커 이 쏭 따오 워 쭈 더 삔 관 마?

**❽** 이 주소로 이걸 배달해 주시겠어요?

请按这个地址把这些东西送去好吗?

칭 안 쩌 거 띠 즈 바 쩌 시에 똥 시 쏭 취 하오 마?

**❾** 화요일에 배달해 주세요.

请在星期二送货。

칭 짜이 씽 치 얼 쏭 후어.

**❿** 여기서 구두 수선해 줍니까?

这里给修鞋吗?

쩌 리 게이 셔우 시에 마?

**⓫** 이 부분을 수리해 주시겠습니까?

这里给修理一下可以吗?

쩌 리 게이 셔우 리 이 시아 커 이 마?

**⓬** 언제 가지러 오면 됩니까?

什么时间来取可以呢?

션 머 스 지엔 라이 취 커 이 너?

# chapter 10

## 질병 · 사고

# 질병 · 사고

❶ 이 근처에 병원이 있습니까?

这附近有没有医院?

쩌 푸 진 여우 메이 여우 이 위엔?

❷ 병원에 데려다 주시겠습니까?

能带我去医院吗?

넝 따이 워 취 이 위엔 마?

❸ 앰뷸런스를 불러 주시겠습니까?

请给叫一辆救护车好吗?

칭 게이 지아오 이 량 지우 후 처 하오 마?

❹ 의사 선생님과 예약하고 싶습니다.

想预约医生见面。

시앙 위 위에 이 성 지엔 미엔.

❺ 아픔을 멈추게 해주세요.

请给镇痛。

칭 게이 전 통.

**❻** 구급 조치를 취해 주십시오.

请给挂急诊。

칭 게이 꾸아 지 쩐.

**❼** 어디에다 연락하면 됩니까?

怎样挂号呢?

전 양 꾸아 하오 너?

**❽** 의사를 불러 주세요.

请给叫医生。

칭 게이 지아오 이 성.

**❾** 내과 의사의 진찰을 받고 싶습니다.

想让内科医生看病。

시앙 랑 네이 커 이 성 칸 삥.

**❿** 어디에서 접수합니까?

在哪里挂号?

짜이 나 리 꾸아 하오?

**⓫** 한국어를 아는 의사는 있습니까?

有没有懂韩国语的医生?

여우 메이 여우 똥 한 구어 위 더 이 성?

**진찰하기**

❶ 어떻게 오셨습니까?

您怎么了?

닌 전 머 러?

❷ 어디가 아픕니까?

哪里疼呢?

나 리 텅 너?

❸ 어떤 증상입니까?

都有什么症状?

떠우 여우 션 머 쩡 좡?

❹ 만지면 아픕니까?

按这里疼吗?

안 쩌 리 텅 마?

❺ 열은 있습니까?

发烧吗?

파 샤오 마?

❻ 계속 아팠습니까?

一直疼吗?

이 즈 텅 마?

**❼** 그 밖에 아픈 데는 없습니까?

除了这里其它地方不疼吗？

추러 쩌 리 치 타 띠 팡 부 텅 마?

**❽** 숨을 들이마십시오.

请吸气。

칭 시 치.

**❾** 뭐가 잘못된 겁니까? (무슨 병입니까?)

是什么病呢？

스 션 머 삥 너?

**❿** 얼마나 나쁩니까?

有多严重？

여우 뚜어 이엔 쭝?

**⓫** 상태가 어떻습니까?

情况怎样？

칭 쾅 전 양?

**⓬** 불쾌하고 짜증이 납니다.

总是发火不安。

쭝 스 파 후어 부 안.

**⓭** 여전히 몸이 안 좋습니다.

这些天身体不太好。

쩌 시에 티엔 션 티 부 타이 하오.

❶ 통증 때문에 잠을 잘 수가 없습니다.

因为疼的厉害晚上不能睡觉

인 웨이 텅 더 리 하이 완 상 뿌 넝 쉐이 쥐에.

❷ 두통이 있습니다.

头很疼。

터우 헌 텅.

❸ 현기증이 좀 납니다.

我有点头晕。

워 여우 디엔 터우 윈.

❹ 머리가 멍합니다.

头部发沉。

터우 부 파 천.

❺ 머리가 아프고, 좀 어지럽습니다.

头疼，头恼有点儿晕。

터우 텅, 터우 나오 여우 디알 윈.

❻ 빈혈이 심합니다.

迷糊很严重。

미 후 헌 이엔 쭝.

## unit 4  감기

**❶** 감기에 걸렸습니다.
我好象感冒了。
워 하오 샹 간 마오 러.

**❷** 유행성 감기에 걸린 것 같습니다.
好象是流行性感冒。
하오 샹 스 려우 씽 싱 간 마오.

**❸** 식욕이 없습니다.
没有食欲。
메이 여우 스 위.

**❹** 어젯밤부터 열이 났습니다.
从昨晚开始发烧。
총 쭈어 완 카이 스 파 샤오.

**❺** 한기가 듭니다.
浑身发冷。
훈 션 파 렁.

**❻** 식은땀이 납니다.
出冷汗。
추 렁 한.

**❼** 몸이 나른합니다.

身体很疲劳无力。

션 티 헌 피 라오 우 리.

**❽** 기침이 납니다.

咳嗽。

커 셔우.

**❾** 저녁에는 기침이 몹시 심합니다.

晚上咳嗽得厉害。

완 샹 커 써우 더 리 하이.

**❿** 항상 재채기가 납니다.

总是打喷嚏。

쫑 스 따 펀 티.

**⓫** 콧물이 납니다.

流鼻涕。

려우 비 티.

**⓬** 코가 막혔습니다.

鼻子不通气。

비 즈 뿌 통 치.

## unit 5 목이 아플 때

❶ 목이 아픕니다.
嗓子疼。
쌍즈텅.

❷ 목이 부었습니다.
脖子也肿了。
뽀즈 예 쭹러.

❸ 편도선이 부은 것 같습니다.
好象扁道腺肿了。
하오 샹 비엔 다오 시엔 쭹러.

❹ 아무 음식도 삼킬 수가 없습니다.
什么食物都咽不下去。
션 머 슬 우 떠우 앤 부 시아 취.

❺ 한 번 시작하면 기침이 멈추질 않습니다.
总是不停的咳嗽。
쭹 스 부 팅 더 커 셔우.

❻ 숨쉬기가 힘듭니다.
呼吸特别困难。
후 시 터 비에 쿤 난.

**❶ 먹은 것을 모두 토합니다.**
吃的东西都吐了。
츠 더 똥 시 떠우 투 러.

**❷ 아랫배가 아픕니다.**
小肚子疼。
시아오 뚜 즈 텅.

**❸ 오른쪽 배가 갑자기 아픕니다.**
右边腹部突然开始疼。
여우 삐엔 푸 부 투 란 카이 스 텅.

**❹ 식중독 같습니다.**
好像食物中毒了。
하오 샹 스 우 쫑 두 러.

**❺ 메스껍습니다.**
感觉恶心。
간 쥐에 으어 신.

**❻ 설사를 합니다. / 변비가 심합니다.**
还泻肚。/ 便秘很严重。
하이 시에 뚜. / 피엔 미 헌 이엔 쫑.

❼ 소화 불량입니다.
消化不良。
시아오 후아 뿌 량.

❽ 갑자기 위가 아프기 시작했습니다.
突然开始胃疼。
투 란 카이 슬 웨이 텅.

❾ 위가 묵직하게[톡 쏘게] 아픕니다.
胃像痉挛跳着疼。
웨이 샹 징 롼 탸오 저 텅.

❿ 위가 경련이 일어납니다.
胃痉挛了。
웨이 징 롼 러.

⓫ 위가 얼얼하게 아픕니다.
胃部火拉拉的疼。
웨이 부 후어 라 라 더 텅.

⓬ 위가 비었을 때는 아프기 시작합니다.
胃空了的时候就开始疼。
웨이 콩 러 더 스 허우 쪄우 카이 스 텅.

⓭ 식사 후면 위가 아픕니다.
吃饭后就开始疼。
츠 판 허우 쪄우 카이 스 텅.

❶ 치통이 있습니다.

这颗牙很疼。

야 텅.

❷ 이 이가 아픕니다.

这颗牙很疼。

쩌 커 야 헌 텅.

❸ 어젯밤부터 아프기 시작했습니다.

从昨晚开始疼。

총 쭈어 완 카이 스 텅.

❹ 이 치아가 흔들거립니다.

这棵牙活动了。

쩌 커 야 훠 똥 러.

❺ 잇몸이 너무 부어서 먹을 수가 없습니다.

牙床肿了不能吃东西了。

야 촹 쭝 러 뿌 넝 츠 똥 시 러.

❻ 잇몸에서 피가 납니다.

牙床出血了。

야 촹 추 시에 러.

## unit 8 피부염

❶ 온몸에 습진이 생겼습니다.
浑身起了很多湿疹。
훈 션 치 러 헌 뚜어 슬 쩐.

❷ 얼굴에 빨간 반점이 났습니다.
脸上起了很多红疹。
리엔 샹 치 러 헌 뚜어 훙 쩐.

❸ 얼굴을 벌레에 물렸습니다.
脸上被蜜蜂咬了。
리엔 샹 뻬이 미 펑 야오 러.

❹ 온몸이 가렵습니다.
浑身很痒。
훈 션 헌 양.

❺ 피부염이 생겼습니다.
皮肤有炎症了。
피 푸 여우 얜 쩡 러.

❶ 차에 치였습니다.
被车撞了。
뻬이 처 좡 러.

❷ 다리가 부러졌습니다.
腿撞骨折了。
퉤이 좡 구 저 러.

❸ 오른 발목이 삐었습니다.
我脚脖子扭了。
워 지아오 뽀 즈 니우 러.

❹ 손이 부었습니다.
手都肿了。
셔우 떠우 쭝 러.

❺ 왼팔을 다쳤습니다.
左胳膊受伤了。
쭈어 꺼 보 셔우 샹 러.

❻ 오른팔을 움직일 수가 없습니다.
右胳膊活动不了了。
여우 꺼 보 훠 똥 부 러 러.

❼ 계단을 잘못 디뎠습니다.

下楼梯踩空了。

시아 러우 티 차이 콩 러.

❽ 여기에 통증이 있습니다.

这里很痛。

쩌 리 헌 통.

❾ 목 근육이 뻣뻣해서 머리를 움직일 수가 없습니다.

脖子周围的肌肉发紧，不能随意的转头。

뽀즈져우 웨이 더 지 러우 파진, 뿌넝 쉐이 이 더 주완터우.

❿ 다리가 지끈거립니다.

腿很沉活动不方便。

퉤이 헌 천 훠 똥 부 팡 피엔.

⓫ 등이 몹시 아픕니다.

后背很疼。

허우 베이 헌 텅.

**❶ 피가 납니다.**

出血了。

추 시에 러.

**❹ 팔을 베었습니다.**

胳膊扭筋了。

꺼 보 니우 진 러.

**❸ 상처가 매우 아픕니다.**

受伤的地方很疼。

셔우 샹 더 띠 팡 헌 텅.

**❹ 손가락에 가시가 박혔습니다.**

手指被刺扎了。

셔우 즈 뻬이 츠 짜 러.

**❺ 부주의로 손가락을 베었습니다.**

不小心割伤了手指。

뿌 시아오 신 거 샹 러 셔우 즈.

**❻ 뜨거운 물을 엎질러서 발이 데였습니다.**

我打翻了热水烫伤了腿。

워 따 판 러 러 쉐이 탕 샹 러 퉤이.

## unit 11  진찰받은 후에

❶ 매일 병원에 와야 합니까?
   每天都要来医院吗？
   메이 티엔 떠우 야오 라이 이 위엔 마?

❷ 병원에 입원해야 합니까?
   需要住院吗？
   쉬 야오 쭈 위엔 마?

❸ 어떤 처방이 좋습니까?
   什么药方好呢？
   션 머 야오 팡 하오 너?

❹ 안정을 취해야 합니까?
   需要休息吗？
   쉬 야오 시우 시 마?

❺ 계속 여행을 할 수 있습니까?
   还能继续旅行吗？
   하이 넝 지 쉬 뤼 씽 마?

❻ 어떤 음식을 피해야 합니까?
   要注意哪些饮食呢？
   야오 쭈 이 나 시에 인 슬 너?

**❼** 목욕해도 됩니까?

可以洗澡吗?

커 이 시 자오 마?

**❽** 낫는 데 얼마나 걸립니까?

什么时间能好呢?

션 머 스 지엔 넝 하오 너?

**❾** 이 처방전을 약국에 가져가십시오.

拿这个药方去药店吧。

나 쩌 거 야오 팡 취 야오 띠엔 바.

**❿** 약국이 어디 있습니까?

药店在哪里呢?

야오 띠엔 짜이 나 리 너?

**⓫** 외상 약을 파는 곳이 어디입니까?

治疗外伤的药在哪卖?

쯔 랴오 와이 샹 더 야오 짜이 나 마이?

**⓬** 조금 나아진 것 같습니다.

好像好点了。

하오 샹 하오 디엔 러.

## unit 12 약국에서

❶ 처방전대로 약을 주시겠습니까?

能按药方抓药吗?

넝 안 야오 팡 좌 야오 마?

❷ 처방전 가져오셨습니까?

带药方来了吗?

따이 야오 팡 라이 러 마?

❸ 아뇨.

没有。

메이 여우.

❹ 이 처방대로 조제해 주실 수 있습니까?

按这个药方抓药可以吗?

안 쩌 거 야오 팡 좌 야오 커 이 마?

❺ 의사에게 가십시오.

请去医生那里。

칭 취 이 성 나 리.

❻ 소화제 좀 주십시오.

请给拿点消化药。

칭 게이 나 디엔 시아오 후아 야오.

❼ 두통에 듣는 약 있습니까?

　有头疼药吗？

　여우 터우 텅 야오 마?

❽ 녹여 먹는 알약을 원합니다.

　想买能溶化的药片。

　시앙 마이 넝 롱 후아 더 야오 피엔.

❾ 벌레 쏘인 데 듣는 약을 원합니다.

　被蜂子蛰了要买哪种药呢。

　뻬이 펑 즈 저 러 야오 마이 나 쭝 야오 너.

❿ 약을 몇 회나 복용합니까?

　吃几次？

　츨 지 츠?

⓫ 1일 3회, 식후에 복용하세요.

　一天三次，饭后服用。

　이 티엔 싼 츠, 판 허우 푸 용.

# 전화 · 우체국

# 전화 · 우체국

❶ 공중 전화는 어디에 있습니까?

请问哪有公用电话?

칭 원 나 여우 꽁 용 띠엔 후아?

❷ 전화국이 어디에 있습니까?

请问电信局在哪里?

칭 원 띠엔 씬 쥐 짜이 나 리?

❸ 이 전화 사용법을 가르쳐 주세요.

请告诉我这部电话的使用常识。

칭 까오 쑤 워 쩌 부 띠엔 후아 더 스 융 창 즈.

❹ 동전을 먼저 넣어야 합니까?

先投币吗?

시엔 토우 삐 마?

❺ 이 전화로 시내 통화하려면 어떻게 해야 합니까?

要打市内电话怎样拨号呢?

야오 따 스 네이 띠엔 후아 전 양 뽀 하오 너?

**❻** 이 전화로 장거리 직통 전화를 하려면 어떻게 해야 합니까?

要打长途电话怎样拨号?

야오 따 창 투 띠엔 후아 전 양 뽀 하오?

**❼** 교환원이 나오게 하려면 몇 번을 눌러야 합니까?

要找交换员怎样拨号?

야오 짜오 지아오 환 위엔 전 양 뽀 하오?

**❽** 안내는 몇 번입니까?

查号台是多少号?

차 하오 타이 스 뚜어 샤오 하오?

**❾** 국제 교환에 연결해 주시겠습니까?

请给接国际长话台好吗?

칭 게이 지에 구어 찌 창 후아 타이 하오 마?

**❿** 공중 전화 한 통화에 얼마입니까?

打一次公用电话多少钱?

따 이 츠 꽁 용 띠엔 후아 뚜어 샤오 치엔?

❶ 이 전화로 한국에 걸 수 있습니까?

这个电话能打韩国吗？

쩌 거 띠엔 후아 넝 따 한 구어 마?

❷ 한국 수원으로 국제 통화를 하고 싶습니다.

想往韩国-水源打电话。

시앙 왕 한 구어 - 쉐이 위엔 따 띠엔 후아.

❸ 한국 서울로 걸고 싶습니다.

我想打到韩国-汉城。

워 시앙 따 따오 한 구어 - 한 청.

❹ 한국으로 장거리 전화를 부탁합니다.

请给接韩国的长途。

칭 게이 지에 한 구어 더 창 투.

❺ 전화 번호를 가르쳐 주세요.

请告诉我您的电话号。

칭 까오 쑤 워 닌 더 띠엔 후아 하오.

❻ 서울 851-9530의 김숙정 씨를 연결해 주세요.

请接汉城851-9530找金淑静。

칭 지에 한 청 빠 우 이 지우 우 싼 링 짜오 찐 수 징.

❼ 내선으로 연결해 주십시오.

请给接内线。

칭 게이 지에 네이 시엔.

❽ 직통 전화로 연결해 주십시오.

请给接直拨。

칭 게이 지에 즈 뽀.

❾ 끊지 말고 잠시 좀 기다려 주십시오.

请您别着急稍等。

칭 닌 비에 저 지 샤오 떵.

❿ 상대방이 나왔습니다. 말씀하십시오.

已经接通了。请讲话。

이 징 지에 통 러. 칭 지앙 후아.

⓫ 통화중입니다.

占线。

짠 시엔.

⓬ 말씀하십시오.

请讲话。

칭 지앙 후아.

❶ 여보세요.

喂。

웨이.

❷ 여보세요, ㅇㅇ호텔입니까?

喂，是ㅇㅇ大酒店吗？

웨이, 스 ㅇㅇ 따 지우 띠엔 마?

❸ 누구십니까?

是谁啊？

스 쉐이 아?

❹ 이름을 가르쳐 주시겠습니까?

能知道您的名字吗？

넝 쯔 다오 닌 더 밍 즈 마?

❺ 용건이 뭡니까?

您有什么事？

닌 여우 션 머 스?

❻ 김선생과 통화하고 싶습니다.

想和金先生通话。

시앙 허 찐 시엔 성 통 후아.

**❼** 잠시 기다리세요.

请稍等。

칭 샤오 떵.

**❽** 누구를 찾으십니까?

请问您找谁?

칭 원 닌 짜오 쉐이?

**❾** 전데요. 누구십니까?

我就是，您是哪一位?

워 지우 스, 닌 스 나 이 웨이?

**❿** 손미나입니다.

我是孙米娜。

워 스 쑨 미 나.

**⓫** 김씨는 여기 없습니다.

姓金的不在这里。

씽 찐 더 부 짜이 쩌 리.

**⓬** 30분 후에 다시 전화하죠.

请您半个小时后再打。

칭 닌 빤 거 시아오 스 허우 짜이 따.

**⓭** 메시지를 남겨도 될까요?

可以留短信吗?

커 이 리우 돤 신 마?

❹ 유여사는 지금 사무실에 없습니다.
메시지를 남기시겠습니까?

刘女士现在不在办公室。
要给她留短信吗？

려우 뉘 슬 시엔 짜이 부 짜이 빤 꽁스.
야오 게이 타 리우 돤신 마?

⓯ 죄송합니다. 김선생님이 나갔습니다.
메시지를 남기시겠습니까?

对不起。金先生出去了。要留短信吗？

뚜에이 부 치. 찐 시엔 성 추 취 러. 야오 리우 돤신 마?

⓰ 그녀가 오는 대로 저에게 전화해 주라고 전해 주십시오.

他回来请转告他给我回个电话。

타 훼이 라이 칭 주완 까오 타 게이 워 훼이 거 띠엔 후아.

⓱ 미안합니다. 잘못 걸었습니다.

对不起。没有接通。

뚜에이 부 치. 메이 여우 지에 통.

⓲ 조금 천천히 말씀해 주세요.

请稍慢一点讲。

칭 샤오 만 이 디엔 지앙.

⓳ 조금 크게 말씀해 주십시오.

请您再大一点声。

칭 닌 짜이 따 이 디엔 성.

⑳ 잘 들리지 않습니다.

听不清楚。

팅 부 칭 추.

㉑ 다시 한 번 말씀해 주시겠습니까?

请再说一遍好吗？

칭 짜이 슈어 이 비엔 하오 마?

㉒ 죄송합니다. 다시 한 번 말해 주시겠어요?

不好意思。请再说一遍好吗？

부 하오 이 스. 칭 짜이 슈어 이 비엔 하오 마?

㉓ 지금 전화 받으시는 분은 누구십니까?

请问现在接听电话的是谁？

칭 원 시엔 짜이 지에 팅 띠엔 후아 더 스 쉐이?

㉔ 지금 전화하신 분이 누구라고 말씀드릴까요?

告诉他现在打电话的是谁吗？

까오 쑤 타 시엔 짜이 따 띠엔 후아 더 스 쉐이 마?

㉕ 그에게 전화드리라고 할까요?

让他给您回电话吗？

랑 타 게이 닌 훼이 띠엔 후아 마?

**❶ 우체국은 어디 있습니까?**
邮局在哪里?
여우 쥐 짜이 나 리?

**❷ 우체통은 어디 있습니까?**
邮箱在哪里?
여우 샹 짜이 나 리?

**❸ 우표는 어디서 살 수 있습니까?**
邮票在哪买?
여우 피아오 짜이 나 마이?

**❹ 봉투는 어디서 살 수 있습니까?**
信封在哪买?
신 펑 짜이 나 마이?

**❺ 가장 가까운 우체국은 어디에 있습니까?**
最近的邮局在哪儿?
쮀이 진 더 여우 쥐 짜이 날?

## unit 5   편지 부치기

❶ 이 편지를 항공편으로 한국에 부치려 합니다.
往韩国寄这个信请给走航空。
왕 한 구어 지 쩌 거 신 칭 게이 저우 항 콩.

❷ 우표는 어느 창구에서 삽니까?
在哪个窗口买邮票?
짜이 나 거 촹 커우 마이 여우 피아오?

❸ 속달로 보내고 싶습니다.
想寄特快专递。
시앙 지 터 콰이 주완 띠.

❹ 이 편지를 부치고 싶습니다.
想寄出这封信。
시앙 지 추 쩌 펑 신.

❺ 항공편으로 해주십시오.
请给走航空。
칭 게이 저우 항 콩.

❻ 항공 우편은 얼마입니까?
用航空寄邮包需要多少钱?
용 항 콩 지 여우 빠오 쉬 야오 뚜어 샤오 치엔?

**❼** 항공 봉함 엽서 두 장과 우편 엽서 한 장 주십시오.

请给两张航空保险单和邮单。

칭 게이 리앙 장 항 콩 바오 시엔 딴 허 여우 딴.

**❽** 한국에 며칠이면 도착합니까?

几天能到达韩国？

지 티엔 넝 따오 다 한 구어?

**❾** 한국까지 엽서로 얼마입니까?

邮明信片到韩国需要多少钱？

여우 밍 신 피엔 따오 한 구어 쉬 야오 뚜어 샤오 치엔?

**❿** 이것의 우편료는 얼마입니까?

请问寄这个邮包需要多少钱？

칭 원 지 쪄 거 여우 빠오 쉬 야오 뚜어 샤오 치엔?

**⓫** 엽서 10장 주세요.

请给我四张明信片。

칭 게이 워 쓰 장 밍 신 피엔.

## unit 6 　소 포

**❶** 소포는 어느 창구에서 취급하고 있습니까?

邮包在哪个窗口办理？

여우 빠오 짜이 나 거 촹 커우 빤 리?

**❷** 이 소포를 항공편으로 한국에 보내고 싶습니다.

这个邮包想用航空寄到韩国。

쩌 거 여우 빠오 시앙 용 항 콩 지 따오 한 구어.

**❸** 한국까지 선편을 보내 주세요.

请用船运寄到韩国。

칭 용 추안 윈 지 따오 한 구어.

**❹** 이 소포를 대금 상환으로 보내 주십시오.

想用挂号邮递。

시앙 용 꾸아 하오 여우 띠.

**❺** 무엇이 들어 있습니까?

里面装的什么东西？

리 미엔 주앙 더 션 머 똥 시?

**❻** 세관 신고를 해야 합니다. 이 양식에 기입해 주십시오.

要填写税检单。请按这张表格填写。

야오 티엔 시에 쉐이 지엔 딴. 칭 안 쩌 장 뱌오 거 티엔 시에.

**❼ 속달로 해주십시오.**

请用特快专递。

칭 용 터 콰이 주완 띠.

**❽ 소포용 상자가 있습니까?**

有邮包包装箱吗?

여우 여우 빠오 바오 주앙 샹 마?

**❾ 소포용으로 포장해 주십시오.**

请给我打下包装。

칭 게이 워 따 시아 빠오 주앙.

**❿ 한국까지 소포 우편 요금은 얼마입니까?**

寄到韩国邮费是多少?

지 따오 한 구어 여우 페이 스 뚜어 샤오?

**⓫ 포장은 어떻게 하면 됩니까?**

怎样打包装才合格呢?

전 양 따 빠오 주앙 차이 허 거 너?

**⓬ 포장 상자 한 개에 얼마입니까?**

包装箱一个多少钱?

빠오 주앙 샹 이 거 뚜어 샤오 치엔?

❶ 어디에서 전보를 칠 수 있습니까?
在哪里可以拍电报?
짜이 나 리 커 이 파이 띠엔 빠오?

❷ 전보를 어떻게 보냅니까?
怎样拍电报?
전 양 파이 띠엔 빠오?

❸ 전보 용지를 주세요.
请给一张电文用纸。
칭 게이 이 장 띠엔 원 용 즈.

❹ 한국에 전보를 치고 싶습니다.
想往韩国拍电报。
시앙 왕 한 구어 파이 띠엔 빠오.

❺ 이 메시지를 전보로 보내주십시오.
想把这个短信用电报发出去。
시앙 빠 쩌 거 돤신 용 띠엔 빠오 파 추 취.

❻ 한 글자에 얼마입니까?
一个字多少钱?
이 거 즈 뚜어 샤오 치엔?

# chapter 12

## 은 행

# 은행

❶ 은행은 어디에 있습니까?

银行在哪里?

인 항 짜이 나 리?

❷ 어디서 환전할 수 있습니까?

在哪里可以换钱?

짜이 나 리 커 이 환 치엔?

❸ 여기서 가장 가까운 환전소는 어디입니까?

离这最近的储蓄所在哪里?

리 쩌 쮀이 진 더 추 쉬 수어 짜이 나 리?

❹ 여기서 환전됩니까?

在这里可以换钱吗?

짜이 쩌 리 커 이 환 치엔 마?

❺ 자동 현금 인출기는 어디에 있습니까?

哪里有自动取款机?

나 리 여우 즈 똥 취 콴 지?

❶ 여기서 돈을 바꿀 수 있습니까?
在这里可以换钱吗?
짜이 쪄 리 커 이 환 치엔 마?

❷ 오늘의 한국돈 환율은 얼마입니까?
今天韩币兑换的比率是多少?
진 티엔 한 삐 뒈이 환 더 비 뤼 스 뚜어 샤오?

❸ 수수료는 지금 얼마입니까?
手续费是多少?
셔우 쉬 페이 스 뚜어 샤오?

❹ 한국 원화도 환전해 줍니까?
用韩国钱换可以吗?
용 한 구어 치엔 환 커 이 마?

❺ 이 한국돈을 인민폐로 바꾸고 싶습니다.
想把这韩币换成人民币.
시앙 바 쪄 한 삐 환 청 런 민 삐.

❻ 네. 얼마나 환전하시겠습니까?
是的. 请问您要换多少?
스 더. 칭 원 닌 야오 환 뚜어 샤오?

## (1) 달러로 바꿀 때

**❶** 달러로 바꿔 주십시오.

请帮我兑换美元。

칭 빵 워 뒈이 환 메이 위엔.

**❷** 수수료는 얼마입니까?

请问手续费是多少?

칭 원 셔우 쉬 페이 스 뚜어 샤오?

**❸** 500달러로 교환해 주십시오.

请帮我换五百美元。

칭 빵 워 환 우 바이 메이 위엔.

**❹** 달러에 대한 위엔화의 환율은 얼마죠?

用美元换人民币汇率是多少?

용 메이 위엔 환 런 민 삐 훼이 뤼 스 뚜어 샤오?

**❺** 돈은 어떻게 드릴까요?

请问需要哪种钱?

칭 원 쉬 야오 나 쭝 치엔?

**❻** 10달러짜리 3장, 5달러짜리 4장으로 주십시오.

十美元的三张,五美元的四张。

스 메이 위엔 더 싼 장, 우 메이 위엔 더 쓰 장.

## (2) 수표를 현금으로 바꿀 때

❶ 수표를 현금으로 바꿔 주십시오.
请问用支票可以兑换现金？
칭 원 용 즈 피아오 커 이 뒈이 환 시엔 찐 마?

❷ 이 수표들을 현금으로 바꿔 주시겠습니까?
用这张支票兑换现金可以吗？
용 쩌 장 즈 피아오 뒈이 환 시엔 찐 커 이 마?

❸ 이 수표를 100달러 현금으로 바꿔 주십시오.
请把这张支票换成一百美元现金。
칭 빠 쩌 장 즈 피아오 환 청 이 바이 메이 위엔 시엔 찐.

❹ 수표에 사인해 주십시오.
请您在支票上签字。
칭 닌 짜이 즈 피아오 상 치엔 즈.

❺ 여권을 보여 주십시오.
请出示您的护照。
칭 추 스 닌 더 후 짜오.

❻ 인민폐로 바꿔 주십시오.
请给我换成人民币。
칭 게이 워 뒈이 환 청 런 민 삐.

## (2) 잔돈으로 바꿀 때

**❶** 이것을 잔돈으로 바꾸어 주시겠어요?

请把这些换成零钱可以吗?

칭 빠 쩌 시에 환 청 링 치엔 커 이 마?

**❷** 잔돈이 필요합니다.

需要零钱。

쉬 야오 링 치엔.

**❸** 이 지폐를 잔돈으로 바꿀 수 있을까요?

这张支票可以换成零钱吗?

쩌 장 즈 피아오 커 이 환 청 링 치엔 마?

**❹** 10달러짜리 지폐를 1달러짜리 열 장으로 바꿔 주세요.

把十美元的换成一美元的十张。

빠 스 메이 위엔 더 환 청 이 메이 위엔 더 스 장.

**❺** 100위엔짜리 20장과 10위엔짜리 30장을 주세요.

请给我20张100的和30张10块的。

칭 게이 워 얼 스 장 이 바이 더 허 싼 스 장 스 콰이 더.

# chapter 13

## 편의 시설 이용하기

# 편의 시설 이용하기

❶ 머리 깎으려고 하는데 얼마나 기다려야 하지요?
  想剪发要等多长时间?
  시앙 지엔 파 야오 떵 뚜어 창 스 지엔?

❷ 이쪽으로 앉으시겠습니까?
  请您在这边坐一会好吗?
  칭 닌 짜이 쩌 삐엔 쭈어 이 훼이 하오 마?

❸ 약간만 다듬어 주세요.
  请稍剪一点。
  칭 샤오 지엔 이 디엔.

❹ 좀더 짧게 잘라 주시겠어요?
  再稍微剪一点好吗?
  짜이 샤오 웨이 지엔 이 디엔 하오 마?

❺ 머리를 어떻게 해드릴까요?
  请问想怎样剪?
  칭 원 시앙 전 양 지엔?

❻ 가운데 가르마로 해주세요.

请中分。

칭 풍 펀.

❼ 가르마를 (왼쪽 / 오른쪽)으로 해주세요.

向(左/右)边分。

샹(쭈어 / 여우)삐엔 펀.

❽ 샴푸해 주세요.

请给我洗头。

칭 게이 워 시 터우.

❾ 귀 앞머리는 어느 정도 길이로 해드릴까요?

鬓角的头发多长合适呢?

빈 쟈오 더 터우 파 뚜어 창 허 슬 너?

❿ (손으로 가리키며) 이 정도 길이로 해주세요.

(用手指)这样就行。

(용 셔우 즈)쪄 양 쪄우 씽.

⓫ 너무 짧게 자르지 마세요.

不要剪的太短。

부 야오 지엔 더 타이 돤.

⓬ 얼마지요?

多少钱?

뚜어 샤오 치엔?

❶ 어깨까지의 길이로 잘라 주십시오.

想留披肩发。

시앙 리우 피 지엔 파.

❷ 귀를 덮게 해주십시오.

要能盖住耳朵。

야오 넝 까이 쭈 얼 뚜어.

❸ 귀가 보이게 해주세요.

露出耳朵。

루 추 얼 뚜어.

❹ 앞머리를 내려주세요.

前面的头发向下梳理。

치엔 미엔 더 터우 파 샹 시아 슈 리.

❺ 일정한 길이로 가지런히 잘라 주세요.

剪一般的发型就可以。

지엔 이 반 더 파 싱 쩌우 커 이.

❻ 층이 지게 잘라 주세요.

剪成中长发。

지엔 청 쭝 창 파.

**❼** 이마를 가려 주세요.

額头部分给盖住。

으어 터우 부 펀 게이 까이 쭈.

**❽** 앞머리는 이마를 덮으면서 눈썹까지의 길이로 내려 주세요.

前面的头发盖上前额到眼眉。

치엔 미엔 더 터우 파 까이 샹 치엔 으어 따오 옌 메이.

**❾** 파마는 어떤 식으로 해드릴까요?

要烫什么样的发型?

야오 탕셴 머 양 더 파씽?

**❿** 중간으로 말아 주세요.

要中卷。

야오 쭝 쥐엔.

**⓫** 촘촘한 컬로 해주세요.

请给我上最小的卷。

칭 게이 워 샹 쮀이 시아오 더 쥐엔.

**⓬** 안쪽으로 컬해 주십시오.

请给做个内翻翘。

칭 게이 쭈어 거 네이 판 챠오.

**⓭** 바깥 쪽으로 컬하는 스타일로 해주시겠어요?

能给做个外翻翘的发型吗?

넝 게이 쭈어 거 와이 판 챠오 더 파 씽 마?

⓮ 머리를 위로 빗어 올린 형으로 해주세요.

要做个向上梳理的发型。

야오 쭈어 거 샹 샹 슈리 더 파싱.

⓯ 머리를 말아 주세요.

给做个卷发。

게이 쭈어 거 쥐엔 파.

⓰ 자연스러운 스타일로 해주세요.

请给做随意的自然式。

칭 게이 쭈어 쉐이 이 더 즈 란스.

⓱ 머리를 감고 세트를 해주세요.

请给做型。

칭 게이 쭈어 싱.

⓲ 머리를 세워 주세요.

请给洗头。

칭 게이 시 터우.

⓳ 이 스타일로 머리해 주실 수 있으세요?

能做出这个样式吗?

넝 쭈어 추 쩌 거 양 스 마?

## unit 3    패스트 푸드점에서

❶ 어디서 주문합니까?
在哪里点吃的呢?
짜이 나 리 디엔 츨 더 너?

❷ 어떻게 주문합니까?
怎样点呢?
전 양 디엔 너?

❸ 먼저 지불해야 합니까?
先交钱吗?
시엔 지아오 치엔 마?

❹ 핫도그 하나 주십시오.
请给我一个热狗。
칭 게이 워 이 거 러 거우.

❺ 케첩 뿌려 주세요.
请给抹上番茄酱。
칭 게이 모 샹 판 치에 쟝.

❻ 무엇을 마시겠습니까?
请问喝点什么?
칭 원 허 디엔 션 머?

**❼** 콜라를 주세요.

给杯可乐吧。

게이 베이 커 러 바.

**❽** 큰 걸로 드릴까요 작은 걸로 드릴까요?

请问要大杯的还是小杯的？

칭 원 야오 따 베이 더 하이 스 시아오 베이 더?

**❾** 작은 걸로 주세요.

要小杯的。

야오 시아오 베이 더.

**❿** 햄버거 하나와 프렌치 프라이 주십시오.

要一个汉堡和炸薯条。

야오 이 거 한 바오 허 자 수 티아오.

**⓫** 가져가실 겁니까?

要带走吗？

야오 따이 저우 마?

**⓬** 네, 가져갈 겁니다.

是的，要带走。

스 더, 야오 따이 저우.

**⓭** 여기서 먹겠습니다.

在这里吃。

짜리 쩌 리 츠.

## unit 4 슈퍼마켓에서

❶ 낱개로 팝니까?

请问按个数卖吗?

칭 원 안 거 슈 마이 마?

❷ 감자 칩은 어디에 있습니까?

请问炸薯片在哪里呢?

칭 원 자 수 피엔 짜이 나 리 너?

❸ 다섯 번째 통로의 선반에 있습니다.

在五号货架。

짜이 우 하오 후어 쟈.

❹ 사과 1킬로당 얼마입니까?

苹果一公斤多少钱?

핑 구어 이 꿍 진 뚜어 샤오 치엔?

❺ 담배 좀 사고 싶은데요.

想买一包烟。

시앙 마이 이 빠오 얜.

❻ 어디서 포장합니까?

在哪里给包装?

짜이 나 리 게이 빠오 주앙?

# 분실 · 도난

# 분실 · 도난

## unit 1 위급할 때

**❶ 도와주십시오!**
请 帮忙 好吗!
칭 빵 망 하오 마!

**❷ 조심하세요!**
请 小心 一点!
칭 시아오 신 이 디엔!

**❸ 서둘러 주십시오!**
请 快点!
칭 콰이 디엔!

**❹ 문 열어요!**
请 开门!
칭 카이 먼!

**❺ 나가세요!**
请 出去!
칭 추 취!

**❻** 소매치기다!
有人抢包了!
여우 런 챵 빠오 러!

**❼** 내 팔 놔!
放开我的胳膊!
팡 카이 워 더 꺼 보!

**❽** 여기 부상자가 있어요!
这里有人受伤了!
쩌 리 여우 런 서우 샹 러!

**❾** 도둑이야!
小偷!
시아오 터우!

**❿** 도와줘요, 도둑맞았어요!
请帮忙把小偷拦住!
칭 빵 망 빠 시아오 터우 란 쭈!

**⓫** 사람 살려~!
救命啊~!
지우 밍 아~!

**⓬** 저놈 잡아라!
抓住他!
주아 쭈 타!

❶ 무슨 일이죠?

丢什么了?

띠우 션 머 러?

❷ 당신은 경찰에게 가서 이 사실을 알리는 게 낫겠군요.

先生您最好去警察局报案说清详细经过。

시엔 셩 닌 쮀이 하오 취 징 쥐 빠오 안 슈어 칭 샹 시 징 구어.

❸ 경찰을 불러 주십시오.

请帮忙叫下警察。

칭 빵 망 지아오 시아 징 차.

❹ 어서 경찰을 불러요!

快叫警察!

콰이 지아오 징 차!

❺ 여기서 어떻게 경찰을 부르죠?

在这里怎样叫警察呢?

짜이 쩌 리 전 양 지아오 징 차 너?

❻ 누구 좀 불러 주시겠습니까?

谁能帮忙叫一下吗?

쉐이 넝 빵 망 지아오 이 시아 마?

**❼** 경찰서가 어디에 있는지 알려 주시겠습니까?

警察局在哪里能告诉我吗?

징 차 쥐 짜이 나 리 넝 까오 쑤 워 마?

**❽** 거기 경찰서죠?

那是警察局吗?

나 스 징 차 쥐 마?

**❾** 강도 사건을 신고하려고 합니다.

我想报案。

워 시앙 빠오 안.

**❿** 경찰에 도난 신고는 어떻게 합니까?

警察局提交被盗申请要怎样办理?

징 차 쥐 티 지아오 뻬이 따오 선 칭 야오 전 양 빤 리?

**⓫** 경찰 아저씨, 도난을 당했어요.

警察先生, 我被盗了。

징 차 시엔 셩, 워 뻬이 따오 러.

**⓬** 그 사람은 저 쪽으로 도망갔습니다.

那个人往那个方向逃跑了?

나 거 런 왕 나 거 팡 샹 타오 파오 러?

**❶ 무슨 일입니까? (무슨 일이 벌어졌습니까?)**

发生什么事情了？

파 셩 션 머 스 칭 러?

**❷ 도난을 당했습니다. 사건 증명서를 작성하려고 합니다.**

被盗了。要写事件证明书报案。

뻬이 따오 러. 야오 시에 슬 지엔 쩡 밍 슈 빠오 안.

**❸ 무엇을 도난당했습니까?**

您都丢失什么了？

닌 떠우 띠우 슬 션 머 러?

**❹ 제 잘못이 아닙니다.**

不是我的错。

부 스 워 더 추어.

**❺ 매우 난처합니다.**

给我带来很大麻烦。

게이 워 따이 라이 헌 따 마 판.

**❻ 다음 주 수요일에 한국으로 돌아갑니다.**

下个星期三要回韩国。

시아 거 씽 치 싼 야오 훼이 한 구어.

## unit 4 분실했을 때

❶ 분실물 신고소는 어디죠?
丢失东西在哪里报案?
띠우 스 똥 시 짜이 나 리 빠오 안?

❷ 한국 영사관에 연락해 주십시오.
请给我联系韩国领事馆。
칭 게이 워 리엔 시 한 구어 링 스 관.

❸ 한국 대사관으로 어떻게 갑니까?
去韩国大使馆怎么走?
취 한 구어 따 스 관 전 머 저우?

❹ 여기 한국어를 하시는 분이 계시나요?
这里有会说韩国语的人吗?
쪄 리 여우 훼이 슈어 한 구어 위 더 런 마?

❺ 여권을 잃어버렸어요.
护照丢失了。
후 짜오 띠우 스 러.

❻ 여행자 수표를 분실했어요.
旅行支票弄丢了。
뤼 씽 즈 피아오 농 띠우 러.

❶ 저, 여행자 수표를 분실했습니다. 재발행을 부탁합니다.

我的旅行支票丢失了。

워 더 뤼씽 즈 피아오 띠우 스 러.

❷ 언제, 어디서 분실했습니까?

什么时间在什么地方丢失的?

션 머 스 지엔 짜이 션 머 띠 팡 띠우 스 더?

❸ 오늘 아침 버스에서 소매치기 당했습니다.

今天早上在公交车上遇到偷窃的了。

진 티엔 자오 샹 짜이 꽁 지아오 처 샹 위 따우 터우 치에 더 러.

❹ 발행 증명서와 분실 증명서가 있습니까?

有补办证明和丢失报告单吗?

여우 부 빤 쩡 밍 허 띠우 스 빠오 까오 딴 마?

❺ 이 페이지에서 이 페이지까지 사용했습니다.

从这页到这页已经使用了。

총 쩌 예 따오 쩌 예 이 징 스 용 러.

❻ 어디에서 계좌 개설했습니까?

在哪里开的户?

짜이 나 리 카이 더 후?

❼ 서울에 있는 한국 외환은행에서요.

在汉城的外换银行开的户。

짜이 한 청 더 와이 환 인 항 카이 더 후.

❽ 잠시만 기다려 주십시오.

请稍等确认以后给您办理。

칭 샤오 떵 취에 런 이 허우 게이 닌 빤 리.

❾ 발행할 수 있는 가장 가까운 역은 어느 곳입니까?

离补办材料最近的站是哪里？

리 부 빤 차이 랴오 쮀이 진 더 짠 스 나 리?

❿ 여권을 재발행하고 싶습니다.

想补办护照。

시앙 부 빤 후 짜오.

⓫ 여권, 돈, 수표 등이 거기에 들어 있어요.

护照，钱，支票等都在里面。

후 짜오, 치엔, 즈 피아오 떵 떠우 짜이 리 미엔.

⓬ 여권을 재발행하려면 무엇이 필요합니까?

补办护照都需要什么手续？

부 빤 후 짜오 떠우 쉬 야오 션 머 셔우 쉬?

# 귀국

# 귀국

## unit 1  호텔 체크 아웃

❶ 체크 아웃 하려고 합니다, 계산서를 주세요.
要退宿，请给结帐。
야오 퉤이 수, 칭 게이 지에 짱.

❷ 열쇠 받으세요.
给您房间钥匙。
게이 닌 팡 지엔 야오 슬.

❸ 잠깐 기다리세요. 계산서를 뽑아드리겠습니다.
请稍等。给你打出结帐单。
칭 샤오 떵. 게이 니 따 추 지에 짱 딴.

❹ 계산서 여기 있습니다.
结帐单在这里。
지에 짱 딴 짜이 쩌 리.

❺ 모든 게 틀림없습니다.
所有的都没有错。
수어 여우 더 떠우 메이 여우 추어.

**⑥ 어떻게 지불하시겠습니까?**

怎样付款呢？

전 양 푸 콴 너?

**⑦ 신용 카드로 하겠습니다. 제 카드입니다.**

用信用卡结帐。我是卡。

용 신 용 카 지에 짱. 워 스 카.

**⑧ 모든 요금을 신용 카드로 지불하시겠습니까?**

所有费用都用信用卡结吗？

수어 여우 페이 용 떠우 용 신 용 카 지에 마?

**⑨ 예, 그래요.**

是的。

스 더.

**⑩ 여기에 서명하세요. 손님 보관용 사본입니다.**

请在这里签名。客人留第四张。

칭 짜이 쪄 리 치엔 밍. 커 런 리우 띠 쓰 장.

**⑪ 고맙습니다.**

谢谢。

시에 시에.

**⑫ 내 짐을 들어 줄 사람을 올려 보내 주시겠습니까?**

能帮我找个拿行李的人吗？

넝 빵 워 짜오 거 나 씽 리 더 런 마?

⑬ 객실의 모든 것이 다 괜찮았나요?

吃住等都满意吗？

츨 쭈 떵 떠우 만 이 마?

⑭ 이 호텔에서의 체류는 매우 즐거웠습니다.

在这里过的几天很愉快。

짜이 쩌 리 구어 더 지 티엔 헌 위 콰이.

⑮ 고맙습니다.

谢谢。

시에 시에.

⑯ 다시 저희 호텔을 이용해 주시기 바랍니다.
안녕히 가세요.

欢迎您下次再来本宾馆住宿。
一路平安，再见。

환 잉 닌 시아 츠 짜이 라이 번 삔 관 쭈 수.
이 루 핑 안, 짜이 지엔.

❶ 대한항공 카운터가 어디입니까?

大韩航空柜台在哪儿?

따 한 항 콩 꿰이 타이 짜이 날?

❷ 2번 터미널로 가세요.

请到二号候机厅。

칭 따오 얼 하오 허우 지 팅.

❸ 서울행 항공기의 체크 인을 여기서 합니까?

去汉城是在这里填写出境单吗?

취 한 청 스 짜이 쩌 리 티엔 시에 추 징 딴 마?

❹ 1층 대합실에 있는 항공사 카운터에서 합니다.

在一楼大厅航空公司总台办理。

짜이 이 러우 따 팅 항 콩 꽁 쓰 쫑 타이 빤 리.

❺ 예. 항공권과 여권을 보여 주십시오.

是的。请您出示机票和护照。

스 더. 칭 닌 추 스 지 피아오 허 후 짜오.

❻ 제가 탈 비행기편의 확인 어디에서 합니까?

请给我确认我坐的班机在哪里?

칭 게이 워 취에 런 워 쭈어 더 반 지 짜이 나 리?

**❼** 대한항공의 출국 터미널은 어디에 있나요?

大韩航空公司的出境候机厅在哪里？

따 한 항 콩 꽁 쓰 더 추징 허우 지 팅 짜이 나 리?

**❽** 탑승 수속은 어디서 합니까?

在哪办理登机手续？

짜이 나 빤 리 떵 지 셔우 쉬?

**❾** 비행기는 예정대로 운행됩니까?

飞机能正常运行吗？

페이 지 넝 쩡 창 윈 씽 마?

**❿** 북경에서 서울까지 비행기로 얼마나 걸립니까?

北京到汉城坐飞机需要多长时间？

베이징 따오 한 청 쭈어 페이 지 쉬 야오 뚜어 창 스 지엔?

**⓫** 창가 쪽 좌석을 드릴까요, 통로 쪽 좌석을 드릴까요?

给您临窗的坐席还是通道边的坐席？

게이 닌 린 촹 더 쭈어 시 하이 스 퉁 다오 삐엔 더 쭈어 시?

**⓬** 아무거나 괜찮습니다.

哪个都可以，没关系。

나 거 떠우 커 이, 메이 꽌 시.

**⓭** 창문 쪽 좌석으로 주세요.

请给临窗的坐席吧。

칭 게이 린 촹 더 쭈어 시 바.

⑭ 좋습니다. 탑승권 받으세요.
7번 탑승구에서 탑승을 합니다.
출발 20분 전에 그곳으로 가십시오.

好的。给您登机牌。
在七号登机口登机。
请在起飞四十分钟前到登机口等候。
하오 더, 게이 닌 떵 지 파이.
짜이 치 하오 떵 지 커우 떵 지.
칭 짜이 치 페이 쓰 스 펀 종 치엔 따오 떵 지 커우 떵 허우.

⑮ 고맙습니다.
谢谢。
시에 시에.

⑯ 안녕히 가세요!
一路平安，再见!
이 루 핑 안, 짜이 지엔!

# chapter 16

## 부록–중요 단어장

## chapter 16
# 중요 단어장

| unit 1 | 월 | |
|---|---|---|
| • 1월 | 1月 | 이 위에 |
| • 2월 | 2月 | 얼 위에 |
| • 3월 | 3月 | 싼 위에 |
| • 4월 | 4月 | 쓰 위에 |
| • 5월 | 5月 | 우 위에 |
| • 6월 | 6月 | 리우 위에 |
| • 7월 | 7月 | 치 위에 |
| • 8월 | 8月 | 빠 위에 |
| • 9월 | 9月 | 지우 위에 |
| • 10월 | 10月 | 스 위에 |
| • 11월 | 11月 | 스 이 위에 |
| • 12월 | 12月 | 스 얼 위에 |
| • 몇 월 | 几月 | 지 위에 |

## unit 2 | 숫 자

| | | |
|---|---|---|
| • 영 | 零 | 링 |
| • 일 (하나) | 一 | 이 (야오) |
| • 이 (둘) | 二(两) | 얼 (리양) |
| • 삼 | 三 | 싼 |
| • 사 | 四 | 쓰 |
| • 오 | 五 | 우 |
| • 육 | 六 | 리우 |
| • 칠 | 七 | 치 |
| • 팔 | 八 | 빠 |
| • 구 | 九 | 지우 |
| • 십 | 十 | 스 |
| • 십일 | 十一 | 스 이 |
| • 이십 | 二十 | 얼 스 |
| • 이십일 | 二十一 | 얼 스 이 |
| • 백 | 一百 | 이 바이 |
| • 백이십삼 | 一百二三 | 이 바이 얼 싼 |
| • 천 | 一千 | 이 치엔 |
| • 천사백 | 一千四百 | 이 치엔 쓰 바이 |
| • 만 | 一万 | 이 완 |
| • 억 | 一亿 | 이 이 |

## unit 3 　요 일

| | | |
|---|---|---|
| • 월요일 | 星期一 | 씽 치 이 |
| • 화요일 | 星期二 | 씽 치 얼 |
| • 수요일 | 星期三 | 씽 치 싼 |
| • 목요일 | 星期四 | 씽 치 쓰 |
| • 금요일 | 星期五 | 씽 치 우 |
| • 토요일 | 星期六 | 씽 치 리우 |
| • 일요일 | 星期天 | 씽 치 티엔 |
| • 일요일 | 星期日 | 씽 치 르 |
| • 무슨 요일 | 星期几 | 씽 치 지 |

## unit 4 　날 짜

| | | |
|---|---|---|
| • 1일 | 一日(号) | 이 르 (하오) |
| • 2일 | 二日(号) | 얼 르 (하오) |
| • 10일 | 十日(号) | 스 르 (하오) |
| • 11일 | 十一日(号) | 스 이 르 (하오) |
| • 20일 | 二十日(号) | 얼 스 르 (하오) |
| • 22일 | 二十二日(号) | 얼 스 얼 르 (하오) |
| • 30일 | 三十日(号) | 싼 스 르 (하오) |
| • 31일 | 三十一日(号) | 싼 스 이 르 (하오) |
| • 며칠 | 几号 | 지 하오 |

## unit 5  시간

| | | |
|---|---|---|
| • 1시 | 一点 | 이 디엔 |
| • 2시 | 二点 | 얼 디엔 |
| • 10시 | 十点 | 스 디엔 |
| • 11시 | 十一点 | 스 이 디엔 |
| • 12시 | 十二点 | 스 얼 디엔 |
| • 몇 시 | 几点 | 지 디엔 |
| • ~분 | ~分 | ~ 펀 |
| • 몇 분 | 几分 | 지 펀 |
| • ~초 | ~秒 | ~ 미아오 |
| • 몇 초 | 几秒 | 지 미아오 |
| • 새벽 2시 | 凌晨二点 | 링 천 얼 디엔 |
| • 아침 7시 | 早晨七点 | 자오 천 치 디엔 |
| • 오전 10시 | 上午十点 | 샹 우 스 디엔 |
| • 정오 | 中午 | 쭝 우 |
| • 오후 3시 | 下午三点 | 시아 우 싼 디엔 |
| • 3시 10분 | 三点十分 | 싼 디엔 스 펀 |
| • 6시 15분 | 六点十五分 | 리우 디엔 스 우 펀 |
| • 6시 15분 | 六点一刻 | 리우 디엔 이 커 |
| • 4시 30분 | 四点三十分 | 쓰 디엔 싼 스 펀 |
| • 4시 30분 | 四点半 | 쓰 디엔 빤 |

| 한국어 | 중국어 | 발음 |
|---|---|---|
| • 날, 해, 낮 | 日 | 르 |
| • 하루 | 一天 | 이 티엔 |
| • 이틀 | 二天 (两天) | 이 티엔 (리앙 티엔) |
| • 그제 | 前天 | 치엔 티엔 |
| • 어제 | 昨天 | 쭈어 티엔 |
| • 오늘 | 今天 | 진 티엔 |
| • 내일 | 明天 | 밍 티엔 |
| • 모레 | 后天 | 허우 티엔 |
| • 매일 | 每天 | 메이 티엔 |
| • 아침 | 早上 | 자오 샹 |
| • 낮, 대낮 | 白天 | 빠이 티엔 |
| • 저녁 | 晚上 | 완 샹 |
| • 밤 | 夜 | 예 |
| • 한밤중 | 半夜 | 빤 예 |
| • 오전 | 上午 | 샹 우 |
| • 정오 | 中午 | 쭝 우 |
| • 오후 | 下午 | 시아 우 |
| • 과거 | 过去 | 구어 취 |
| • 지금, 현재 | 现在 | 시엔 짜이 |
| • 미래 | 将来 | 쟝 라이 |

| | | |
|---|---|---|
| • 년, 해 | 年 | 니엔 |
| • 재작년 | 前年 | 치엔 니엔 |
| • 작년 | 去年 | 취 니엔 |
| • 금년, 올해 | 今年 | 진 니엔 |
| • 내년 | 明年 | 밍 니엔 |
| • 월, 달 | 月 | 위에 |
| • 매월, 매달 | 每月 | 메이 위에 |
| • 지난달 | 上月 | 샹 위에 |
| • 이번달 | 这月(本月) | 쩌 위에 (번 위에) |
| • 다음달 | 下月 | 시아 위에 |
| • 날, 날짜, 세월 | 日子 | 르즈 |
| • 날짜 | 日期 | 르 치 |
| • 시간 | 钟头 | 종 터우 |
| • 이전 | 以前 | 이 치엔 |
| • 이후 | 以后 | 이 허우 |
| • 근래 | 近来 | 진 라이 |
| • 지난주 | 上个星期 | 샹 거 씽 치 |
| • 이번주 | 这个星期 | 쩌 거 씽 치 |
| • 다음주 | 下个星期 | 시아 씽 치 |
| • 매주 | 每星期 | 메이 씽 치 |
| • 주말 | 周末 | 져우 모 |

| | | |
|---|---|---|
| • 일주일 | 一个星期 | 이 거 씽 치 |
| • 이주일 | 两个星期 | 리앙 거 씽 치 |
| • 삼주일 | 三个星期 | 싼 거 씽 치 |
| • 한달 | 一个月 | 이 거 위에 |
| • 두달 | 两个月 | 리앙 거 위에 |
| • 석달 | 三个月 | 싼 거 위에 |
| • 일년 | 一个年 | 이 거 니엔 |
| • 이년 | 两个年 | 리앙 거 니엔 |
| • 삼년 | 三个年 | 싼 거 니엔 |
| • 세기 | 世纪 | 시 찌 |
| • 신년, 새해 | 新年 | 신 니엔 |
| • ~ 때 | 时候 | 르 치 |
| • 잠시 | 一会儿 | 이 후얼 |
| • 하루종일 | 整天 | 정 티엔 |
| • 반나절 | 半天 | 빤 티엔 |
| • 최초 | 最初 | 쩨이 추 |
| • 최후 | 最后 | 쩨이 허우 |

| unit 7 | 의문사 | |
|---|---|---|
| • 언제 | 什么时候 | 션 머 스 허우 |
| • 어디 | 哪儿 | 날 |
| • 어디 | 什么地方 | 션 머 띠 팡 |
| • 누가, 누구 | 谁 | 쉐이 |
| • 무엇 | 什么 | 션 머 |
| • 어떻게 | 怎么 | 전 머 |
| • 왜 | 为什么 | 웨이 션 머 |

| unit 8 | 계절 | |
|---|---|---|
| • 계절 | 季节 | 지 지에 |
| • 봄 | 春天 | 춘 티엔 |
| • 여름 | 夏天 | 시아 티엔 |
| • 가을 | 秋天 | 치우 치엔 |
| • 겨울 | 冬天 | 똥 티엔 |
| • 초봄 | 初春 / 早春 | 추 춘 / 자오 춘 |
| • 초여름 | 初夏 | 추 시아 |
| • 초가을 | 初秋 | 완 치우 |
| • 초겨울 | 初冬 | 추 똥 |
| • 늦봄 | 晚春 | 완 춘 |
| • 늦가을 | 晚秋 / 季秋 | 완 치우 / 지 치우 |

| | | |
|---|---|---|
| • 날씨 | 天气 | 티엔 치 |
| • 태양 | 太阳 | 타이 양 |
| • 햇빛 | 阳光 | 양 광 |
| • 달 | 月亮 | 웨 량 |
| • 별 | 星星 | 씽 싱 |
| • 구름 | 云 | 윈 |
| • 바람 | 风 | 펑 |
| • 비 | 雨 | 위 |
| • 눈 | 雪 | 쉬에 |
| • 하늘 | 天 | 티엔 |
| • 이슬 | 露水 | 루 쉐이 |
| • 서리 | 霜 | 수앙 |
| • 우박 | 冰雹 | 삥 바오 |
| • 무지개 | 彩虹 | 카이 홍 |
| • 소나기 | 降雨 | 쟝 위 |
| • 이슬비 | 毛毛雨 | 마오 마오 위 |
| • 장마 | 梅雨 | 메이 위 |
| • 홍수 | 洪水 | 홍 쉐이 |
| • 태풍 | 台风 | 타이 펑 |
| • 천둥 | 雷 | 레이 |

| | | |
|---|---|---|
| • 번개 | 闪电 | 샨 띠엔 |
| • 황사 | 黄沙 | 후앙 샤 |
| • 우기 | 雨季 | 위 지 |
| • 흐린 날씨 | 阴天 | 인 티엔 |
| • 맑은 날씨 | 晴天 | 칭 티엔 |
| • 기후 | 气候 | 치 허우 |
| • 기온 | 气温 | 치 원 |
| • 온도 | 温度 | 원 두 |
| • 영상 | 零上 | 링 샹 |
| • 영하 | 零下 | 링 시아 |
| • 섭씨 | 摄氏 | 쉐 쉬 |
| • 화씨 | 华氏 | 후아 쉬 |
| • 춥다 | 冷 | 렁 |
| • 시원하다 | 凉快 | 리앙 콰이 |
| • 덥다 | 热 | 러 |
| • 따뜻하다 | 暖和 | 누안 후어 |
| • 습하다 | 潮湿 | 챠오 스 |
| • 건조하다 | 干燥 | 깐 자오 |
| • 얼다 | 冰 | 삥 |
| • 비가 오다 | 下雨 | 시아 위 |
| • 일기예보 | 天气预报 | 티엔 치 위 빠오 |

| | | |
|---|---|---|
| • 방향 | 方向 | 팡샹 |
| • 위 / 위쪽 | 上 / 上边 | 샹 / 샹 삐엔 |
| • 아래 / 아래쪽 | 下 / 下边 | 시아 / 시아 삐엔 |
| • 앞 / 앞쪽 | 前 / 前边 | 치엔 / 치엔 삐엔 |
| • 뒤 / 뒤쪽 | 后 / 后边 | 허우 / 허우 삐엔 |
| • 중간 | 中 | 쭝 |
| • 동 / 동쪽 | 东 / 东边 | 똥 / 똥 삐엔 |
| • 서 / 서쪽 | 西 / 西边 | 시 / 시 삐엔 |
| • 남 / 남쪽 | 南 / 南边 | 난 / 난 삐엔 |
| • 북 / 북쪽 | 北 / 北边 | 베이 / 베이 삐엔 |
| • 왼쪽 | 左边 | 쭈어 삐엔 |
| • 오른쪽 | 右边 | 여우 삐엔 |
| • 옆쪽 | 旁边 | 팡 삐엔 |
| • 안, 속 | 内 | 네이 |
| • 안 | 里 | 리 |
| • 밖 | 外 | 와이 |
| • 저쪽, 그쪽 | 那边 | 나 삐엔 |
| • 이쪽 | 这边 | 쩌 삐엔 |
| • 어느 쪽 | 哪边 | 나 삐엔 |
| • 좌우 | 左右 | 쭈어 여우 |

## unit 11 인칭 대명사 · 지시 대명사

| | | |
|---|---|---|
| • 나 | 我 | 워 |
| • 너 | 你 | 니 |
| • 당신 | 您 | 닌 |
| • 그 | 他 | 타 |
| • 그녀 | 她 | 타 |
| • 우리들 | 我们 | 워 먼 |
| • 너희들 | 你们 | 니 먼 |
| • 그들 | 他们 | 타 먼 |
| • 그녀들 | 她们 | 타 먼 |
| • ~씨 | 先生 | 시엔 셩 |
| • 양 | 小姐 | 시아오 지에 |
| • 여러분, 모두 | 大家 | 따 지아 |
| • 자기 | 自己 | 즈 지 |
| • 그(동물, 사물) | 它 | 타 |
| • 이것 | 这个 | 쩌 거 |
| • 저것, 그것 | 那个 | 나 거 |
| • 어느 것 | 哪个 | 나 거 |
| • 여기 | 这里 | 쩌 리 |
| • 거기, 저기 | 那里 | 나 리 |
| • 어디 | 哪里 | 나 리 |

| | | |
|---|---|---|
| • 가족, 식구 | 家人 | 지아 런 |
| • 할아버지 | 爷爷 | 예 예 |
| • 할머니 | 奶奶 | 나이 나이 |
| • 외할아버지 | 外公 / 老爷 | 와이 꽁 / 라오 예 |
| • 외할머니 | 外婆 / 老老 | 와이 포 / 라오 라오 |
| • 아버지 | 父亲 | 푸 친 |
| • 아빠 | 爸爸 | 빠 바 |
| • 어머니 | 母亲 | 무 친 |
| • 엄마 | 妈妈 | 마마 |
| • 형, 오빠 | 哥哥 | 꺼거 |
| • 누나, 언니 | 姐姐 | 찌에 지에 |
| • 동생 | 弟弟 | 띠디 |
| • 여동생 | 妹妹 | 메이메이 |
| • 형제 | 弟兄 | 디 시옹 |
| • 자매 | 姐妹 | 찌에 메이 |
| • 삼촌 | 叔叔 | 쑤 수 |
| • 아들 | 儿子 | 얼 즈 |
| • 딸 | 女儿 | 뉘 얼 |
| • 며느리 | 儿媳 | 얼 씨 |
| • 사위 | 女婿 | 뉘 쉬 |

| | | |
|---|---|---|
| • 남편 | 丈夫 | 장 푸 |
| • 아내 | 妻子 | 치 즈 |
| • 손자 | 孙子 | 쑨 즈 |
| • 손녀 | 孙女 | 쑨 뉘 |
| • 외손자 | 外孙子 | 와이 쑨 즈 |
| • 외손녀 | 外孙女 | 와이 쑨 뉘 |
| • 시아버지 | 公公 | 꽁 공 |
| • 시어머니 | 婆婆 | 뽀 포 |
| • 장인 | 丈人 / 岳父 | 짱 런 / 위 푸 |
| • 장모 | 丈母 / 岳母 | 짱 무 / 위 무 |
| • 어른 | 大人 | 따 런 |
| • 어린이 | 儿童 / 小孩子 | 얼 퉁 / 시아오 하이 즈 |
| • 아기 | 婴儿 | 잉 얼 |
| • 성인 | 成人 | 청 런 |
| • 청소년 | 青少年 | 칭 샤오 니엔 |
| • 소년 | 少年 | 샤오 니엔 |
| • 소녀 | 少女 | 샤오 뉘 |
| • 남자 | 男人 | 난 런 |
| • 여자 | 女人 | 뉘 런 |
| • 젊은이 | 年轻人 | 니엔 칭 런 |
| • 노인 | 老头儿 | 라오 털 |

| | | |
|---|---|---|
| • 부모 | 父母 | 푸 무 |
| • 아가씨 | 小姐 | 시아오 지에 |
| • 이모 | 姨母 | 이 무 |
| • 사람 | 人 | 런 |
| • 남, 다른사람 | 人家 | 런 지아 |
| • 개인 | 个人 | 거 런 |
| • 인류 | 人类 | 런 레이 |
| • 민족 | 民族 | 민 주 |
| • 손님 | 客人 | 커 런 |
| • 친구 | 朋友 | 펑 여우 |
| • 학생 | 学生 | 쉬에 셩 |
| • 대학생 | 大学生 | 따 쉬에 셩 |
| • 학우 | 同学 | 퉁 쉬에 |
| • 선생님 | 老师 | 라오 스 |
| • 한 사람 | 单人 | 딴 런 |
| • 2인 | 双人 | 슈앙 런 |
| • 가이드 | 导游 | 다오 여우 |
| • 통역자 | 翻译 | 판 이 |
| • 한국인 | 韩国人 | 한 구어 런 |
| • 중국인 | 中国人 | 쭝 구어 런 |
| • 일본인 | 日本人 | 르 번 런 |

## unit 13  신체

| 한국어 | 중국어 | 발음 |
|--------|--------|------|
| • 신체 | 身体 | 션 티 |
| • 머리 | 头 | 터우 |
| • 머리카락 | 头发 | 터우 파 |
| • 얼굴 | 脸 | 리엔 |
| • 눈 | 眼睛 | 옌 징 |
| • 귀 | 耳朵 | 얼 뚜어 |
| • 코 | 鼻子 | 비 즈 |
| • 입 | 嘴 | 쮀이 |
| • 목 | 脖子 | 뽀 즈 |
| • 혀 | 舌头 | 서 터우 |
| • 손 | 手 | 셔우 |
| • 손가락 | 指头 | 즈 터우 |
| • 배 | 肚子 | 뚜 즈 |
| • 허리 | 腰 | 야오 |
| • 다리 | 腿 | 퉤이 |
| • 발 | 脚 | 지아오 |
| • 엉덩이 | 屁臀 | 피 구 |
| • 이빨 | 牙齿 | 야 츠 |
| • 피부 | 皮肤 | 피 푸 |
| • 뼈 | 骨头 | 구 터우 |

**조수사**

| | | |
|---|---|---|
| 몇(100이하의 수) | 多少 | 지 |
| 몇(100이상), 얼마 | 多少 | 뚜어 샤오 |
| 각, 여러, 갖가지 | 每 | 메이 |
| 조금, 약간 | 一点儿 | 이 디알 |
| 개, 명(총칭) | 个 | 거 |
| 분(사람의 존칭) | 位 | 웨이 |
| 마리, 척 | 只 | 즈 |
| 대(차량 등) | 辆 | 량 |
| 쌍(쌍으로 된 것) | 对 | 뚜에이 |
| 짝(구두 등), 켤레 | 双 | 슈앙 |
| 필(옷감이나 말) | 匹 | 피 |
| 송이(꽃) | 朵 | 뚜어 |
| 자루(연필 등) | 枝 | 즈 |
| 층, 겹 | 层 | 청 |
| 칸(침실 등) | 间 | 지엔 |
| 벌(의복 등) | 件 | 지엔 |
| 번, 차례 | 顿 | 둔 |
| 장(종이 등) | 张 | 장 |
| 통(편지 등) | 封 | 펑 |
| 권(책, 공책 등) | 本 | 번 |

| 토막(물건, 시간) | 段 | 뚜안 |
| 종, 종류 | 种 | 쭝 |
| 원(화폐 단위) | 块 | 콰이 |
| 조각, 편 | 片 | 피엔 |
| 배, 곱절 | 倍 | 베이 |
| 척(길이, 寸의 10배) | 尺 | 츠 |
| 촌(尺의 1/10) | 寸 | 춘 |
| 근(무게 단위) | 斤 | 진 |
| 리터, 되(용량) | 升 | 성 |
| 리(거리 단위) | 里 | 슈앙 |
| 미터, m | 公尺 | 꽁 츠 |
| 킬로미터, km | 公里 | 꽁 리 |
| 킬로그램, kg | 公斤 | 꽁 진 |
| 나이 | 岁 | 쉐이 |
| 번, 횟수 | 次 | 츠 |
| 번, 회 | 遍 | 비엔 |
| 그루, 포기 | 颗 | 커 |
| 마리(물고기 등) | 条 | 티아오 |

## unit 15　긴급 연락처

- 주중 한국대사관　　　　　Tel. (010) 6532-0290 〈북경〉
- 주중 한국대사관 영사부　Tel. (010) 6532-6774~5 〈북경〉

　　　　　　　　　　　　　사건 · 사고 HP. 136-0111-7474

- 주상해 총영사관　　　　　Tel. (021) 6295-5000, 2639
- 주청도 총영사관　　　　　Tel. (0532) 897-6001
- 주광주 총영사관　　　　　Tel. (020) 3887-0555
- 재중 한인회　　　　　　　Tel. (010) 8454-5770
- 대한항공 북경지점　　　　Tel. (010) 6505-0089
- 대한항공 청도지점　　　　Tel. (0532) 387-0088
- 대한항공 상해지점　　　　Tel. (021) 6275-6000
- 대한항공 천진지점　　　　Tel. (022) 2319-0088
- 아시아나항공 북경지점　　Tel. (010) 6468-4000
- 아시아나항공 상해지점　　Tel. (021) 6219-4000
- 아시아나항공 장춘지점　　Tel. (0431) 894-8948
- 아시아나항공 광주지점　　Tel. (020) 8760-9037
- 외환카드 (한국)　　　　　Tel. 82-2-524-8100 (해외 전용)
- 국민카드 (한국)　　　　　Tel. 82-1588-1688
- 삼성카드 (한국)　　　　　Tel. 82-1588-8700
- BC카드 (한국)　　　　　　Tel. 82-1588-4000
- LG카드 (한국)　　　　　　Tel. 82-1544-7000